中华吉祥文化丛书

语言卷

刘德龙 主编

李学华 董佳兰 张廷兴 著

泰山出版社·济南·

总　序

吉祥，《说文解字》释曰："吉，善也。从士，从口"；"祥，福也。从示，羊声"。此外，吉祥又为梵语，音译作"室利""师利""尸利"，又称为"吉羊"，如吉祥果、吉祥草、吉祥物等，多用于释家。后来，它与中华民族向善向好的美好生活追求相融合，形成了别具特色的中华民族吉祥文化。

吉祥文化在我国影响很大，它深深融入民众生活，不但形成了多姿多彩的吉祥民俗事象，深刻影响着民众的生活、思维、心理、精神，还形成了大量的吉祥语言，丰富了我国各民族的传统文化。

一、吉祥文化的产生

在我国各民族丰富多彩的生产生活实践活动中，在我国历代文化典籍中，都留下了大量的吉祥语言和吉祥事象，成为我国众多民族文化遗产中别具民族特色的一朵奇葩。

吉祥文化是在民众丰富多彩的生产生活中产生、传播和使用的，表达了民众对美好幸福的追求和探索，也体现了民众趋利避害的心理。例如，在农业习俗中，农家以立春作为一年农作的开始，在立春这天，过去有鞭春牛的习俗，现在的习俗则是集体"出行"，放鞭炮，并象征性地刨一刨土，说一套吉利话："一刨金、二刨银、三刨刨了个聚宝盆。"在商业习俗中，开业时往往张贴"金日开业""开门大吉"等吉利语。

我国春秋时期已经有"万寿无疆""天子万寿""南山之寿"等吉祥语的记载。那时的典籍《易经》更被认为是中华吉祥文化集大成者，也是中华吉祥文化的重要源头。它通过测算、预测，再配合某些方法避害趋利。例如关于数字,《易经》中就将其分为吉祥运暗示数、次吉祥运暗示数、凶数运暗示数、首领运暗示数、财富运暗示数、艺能运暗示数、女德运暗示数、女性孤寡运暗示数、孤独运暗示数、刚情运暗示数、温和运暗示数等多种。《易经》认为,"一"最大最吉祥,是"太极";"三"最佳,象征天地人融洽相处;"八"象征八卦;"五""九"为九五之尊。"见龙在田"就是吉象,象征有可能遇见贵人,得到重用,走出徒有其志的困境。吉、利、永、贞、元、亨等字,也成为我国吉祥文化中最有典型吉祥意义的表述。

吉祥文化体现的心理和意识,来源于原始信仰。吉祥文化产生于古人对生活的不安全感。先民对大自然带来的一切灾难,对自身疾病、瘟疫和死亡充满迷惑和畏惧,为了寻找精神庇佑,就产生了万物有灵的观念,并且创造了图腾,用以凝聚力量,表达人们避邪求吉的心理,这就是原始信仰。原始信仰后来演化为复杂的民间信仰,形成对观音、财神、土地城隍及家神、自然神等这些臆想的神,以及神话中的人物,或者所谓的精灵等的信仰。古人把这些信仰的对象当成自己贿赂的对象,通过向它们烧香、磕头、许愿,让它们给自己带来利益,完全把崇拜对象看成是自己的保护神。民间信仰与禁忌十分庞杂,包括自然崇拜、动植物崇拜、神灵崇拜、巫术等,也包括民间原始宗教、道教、佛教,以及民间俗信等内容。

人们还赋予动植物以吉祥的象征。如以麒麟为仁兽,认为龙是中华民族的象征,凤为百鸟之王,龟象征尊贵、安闲、长寿。仙鹤、喜鹊、鸳鸯、鸽子、麋鹿、雄狮、猛虎、牛、马、大象、鲤鱼、蝴蝶、蜘蛛等,都被赋予吉祥美好的含义。而花草树木有花有果实,也能够表示吉祥意义,如梅、竹、松、南瓜、长春花、杞菊、槐、红豆、石榴、橘、佛手、芙蓉等。在生肖中,十二生肖都可以构成大量的吉祥用语,表达丰富美好的情感。又如,在端午节,人们把插艾和菖蒲作为节俗的重要内容之一。家家都洒扫庭除,以菖蒲、艾条插于门楣,悬于堂中。还用菖蒲、艾叶、榴花、蒜头、龙船花,制成人形或虎形,称为"艾人""艾虎";制成花环、佩饰,妇人争相佩戴,用以驱瘴。

早在几千年前的《诗经》等文学作品中就已经有了许多美好的词语,丰富了我国吉祥文化的审美宝库。它们通过名言警句、优美的篇章、美好的故事,成为吉祥文化重要的载体和重要的创新平台、传播渠道。

明清时期,我国吉祥文化发展到了高峰,突出表现在剪纸、年画、对联、建筑、陶瓷、玉器、菜名以及刺绣、印花、请安祝颂等事象中和社会交际生活的方方面面。

二、吉祥文化的展现

经过几千年中国传统文化的传承与发展,吉祥文化已经非常繁盛。吉祥文化广泛深刻地融入了大众生活,在节庆活动、衣食住行日常生活中,在语言交际、非语言交际过程中,在生产劳动、商贸往来中,在婚丧嫁娶、庆典仪式中,在宗教信仰、精神世界中,都蕴含着大量的吉祥文化因素。徐华龙先生在其《中国吉祥文化》一文中,将吉祥文化分为物体吉祥、行为吉祥、语言吉祥、文字吉祥和数字吉祥等五类。宁业高先生则在其《中国吉祥文化漫谈》一书中将吉祥文化分为语言文字吉祥、祝词贺语吉祥、人名称号吉祥、地舆政域吉祥、天文生物吉祥、时令人事吉祥、衣食住行吉祥等七类。

大量的吉祥语言、吉祥词语,构成了吉祥文化的主要内容。它包括文明礼貌语言、吉利话、誓语、寿福禄语、诫勉语、祈语、问候语、祝贺语、颂词、口彩语、谐音语、委婉语等,是中华民族吉祥文化的主要载体。例如,道光十七年(1837年)《临清县志》载,旧时下催妆时男家向女家赠一雄鸡,迎亲时,女家将雄鸡配以雌鸡一同送还,俗称"长命鸡"。在给新人铺床时,要撒栗子、枣、花生于床的四周,并且配上一些口彩乞巧话,如"今年吃了栗子枣,明年生个大胖小儿";娘家在女儿妆盒内也放些麸子、盐,寓贤惠、有福,也寓"福缘";在送亲途中,队伍前有撒"大吉"帖的,"大吉"帖用四方红纸书一"吉"字,寓吉日良辰。

祭祀是民众生活中的重大活动。在祭品上,讲究三碗菜、三碗水饺,每碗三个水饺,顺"神三鬼四"之说以表示所敬者为"神";把用榆树枝扎成的挂满纸钱的树状物叫"摇钱树";烧祭用的纸叫"黄表""元宝""金锞子";香折了忌说"断",而说"存"。并且在祭奠时每每都有一套讨口彩的顺口溜,如祭灶时,就说"灶君上天,有啥说啥,多加美言,少说闲话",或说"上天去,您多言好事;下界来,您广降吉祥"。

交际场合,也有很多吉祥事象。例如,宴席必上鱼。以"鱼"谐"余",表示虽然宴席要结束了,但幸福、快乐没有完结,仍然有余。新人结婚时,亲戚、邻居多赠送红枣、栗子等吉祥之果。在这里用"枣"谐音"早",用"栗子"谐音"立子",借此祝福新郎、新娘早生贵子。新娘下轿后,扬烟、栗子、枣、花生于其全身及院落,寓早生子、多子多孙、烟火绵绵;新娘入洞房前要在一个红杌子上坐坐,叫"坐坐性",寓让其驯服;新娘迈过门槛时,脚要踏糕和筷子,谐音"高""快",讨"步步高、快发财、快生子"的口彩。有的新娘进房后,登床走一圈,象征着踩倒婆婆全家,不受夫权管束;新娘坐定床沿,就要吃"宽心面",也叫"长汤",谓不想娘家,面条顺滑,寓顺利;然后吃糕,并且故意煮不熟,主持人问新娘"生不生",新娘一定要回答"生";新婚之夜要灯烛长明,叫燃"长命灯",寓意夫妻白头到老。

几乎所有的民间节庆,均有吉祥事象。如山东大部分地区春节必做年糕、枣山、豆腐。鲁中地区还做"团圆饼",祈求年年高、全家福。鲁东南地区做"合菜",用粉丝、胡萝卜丝等凉拌而成,红绿相间鲜美可口,象征和睦。元宵节多以灯卜丰歉,灯节时间为正月十四至十六,十四主麦,十五主谷,十六主豆,"正月十五雪打灯,当年有个好收成"。

"中国古典民居是中国古人生活与社会活动及精神世界的展现,是人居和环境和谐统一思想的体现,也是中国古代吉祥文化和各种吉祥物的体现。"①民居通过脊兽、影壁、门枕、墙、门等装饰，巧妙展示了吉祥文化。

房院建设过程中，也有很多吉利话。在选用建房木材时，往往以木材种类名称的谐音讨口彩，如用杏木做门，以求幸福；榆木做梁，以求余粮；松木做叉手，以求长寿。鲁西南地区喜欢用楝木做床，谐音"连子"。在安门窗时，要贴"昨日太公从此过，说是今日好安门""安门大吉""安窗大吉""太公在此"的条幅或横幅。在上梁时要贴"上梁大吉"，以求吉利。梁上拴一红绸，吊一串铜钱，谐"十全"；门两边底石、影壁上刻、画蝙蝠、鹿，或书写"福""禄"；院内多栽牡丹花、石榴树、槐树，把牡丹花称为"富贵花"，以为"榴开百子""留子孙"。胶县（今山东省胶州市）有谚"门前一棵槐，不是进宝，就是招财"；滕县（今山东省滕州市）还有吃槐籽的祈子习俗，以求"怀子"。

此外，还有禳解时所用的一套吉利语，有的叫"巧话"，如吃了脏东西，便说"不干不净，吃了没病"；砸碎了器物，便说"旧的不去，新的不来"；钱物受了损失，便说"拿钱买寿，去钱消灾"。有的叫"顺口溜儿"，如杀鸡时，就说"鸡呀鸡，你别怪，你是我的一碗菜；有心不杀你，又怕那客来怪；罢呀罢，还是杀了罢"。有的很长，叫"佛儿"，如老太太抽烟时所唱："我这个老嬷嬷儿八十八，耳不聋来眼不花，伸手摸起火镰匣儿，吃袋香烟解解乏。大儿做高官，二儿是探花；一对姑娘是灵芝草，一对媳妇是牡丹花。前院里一棵梧桐树，后院里一棵芙蓉花。梧桐树上落凤凰，一辈子一个状元郎，富贵荣华咱是头一家，我念弥陀佛。"

民众还喜欢吉利的数字，如衣扣的数量以单数为吉利，与扣眼合成双；送嫁妆、送粥米的人数喜双，取"成双成对"之意；以三、六、

---

① 陈燕：《浅析中国古典民居中的吉祥文化对旅游的影响》，《乐山师范学院学报》，2011年第26卷第5期，第78页。

九为吉祥数字,特别崇拜"六",取"六六大顺"之意;又崇拜"八",对"五一八""八八八"等数字趋之若鹜;因为"七上八下"的成语,又崇拜"七",寓意蒸蒸日上。

三、吉祥文化的表达

吉祥文化来自劳动,是在民众的生产劳动、社会生活、与自然和他人交往的过程中被发明创造、不断丰富、传承使用的。

首先,吉祥文化多用象征表意,即借助于一些常见的事物,表示吉祥的含义。例如春节时贴的对联,两句吉语,一方红纸,表示辞旧迎新,祈福增寿,内容多以耕读世家、万象更新、新春欢乐、福寿康宁、春山绿水、五谷丰登、繁荣昌盛为主。还要在床头贴"身体健康",灯火处贴"小心烛火",主屋正墙贴"招财进宝",橱柜上贴"黄金万两""鱼肉满橱""衣服满柜",院墙上贴"吉星高照",牲畜栏门上贴"六畜兴旺",车上贴"日行千里"或"牛行虎步,车动雷声",门口对面墙、树上贴"出门见喜",其他小件家具上,一律贴"酉",谐"有"音,寓富有。除夕夜守岁,济宁曲阜一带要在中庭竖一竹竿,上悬灯笼,谓之"天灯";济南平阴等地,使灯终夜常明,叫"长明灯";而德州一带则将一捆谷草竖在天井之中点燃,用东西南北中五个方向代表五谷,谷草侧向何方,代表何处谷物来年丰收,叫"照天庭""照田蚕";济南长清则在大门外、村外烧蒿草"照天庭";潍坊昌乐以"掌庭灯"代之;聊城东阿一带则布灯,陈设灯笼或拉出电灯来"照请",旧时还烧"避瘟月"。这些活动,都具有一定象征意义。全家除夕吃的过年饭,也具有强烈的象征意义:一般主食是用大米和小米一块蒸的"干饭"或者水饺。菜肴讲究必须有鸡,寓"年年大吉",有鱼,寓"连年有余",全家人围坐在一桌,喝团圆酒。新年的第一顿水饺也很有讲究,鲁中一带常常包入花生、枣、栗子、钱币、糖块、麸皮等,祈求早得子、多子多福、人丁兴旺、生活甜蜜、发大财。煮水饺破时,不说"碎""烂""破",而说"挣了""挣了不少",有时还故意弄碎几个,以讨口彩。

其次,谐音成趣。甲乙两个词语,甲词语的语音形式与乙词语的语音形式相同或相近,而乙词语又具有吉祥、文雅的意义内容,人们便以两词语语音相同为条件故意造成谐音双关,使两词的意义相沟通,以此喻彼,以求吉利。在此基础上形成某种风俗习惯,有的叫"意头",有的叫"口彩"。民间春节贴福字,"福"以倒贴为好,讨"福到了"的口彩。为了强调谐音含义,民间还附会了许多故事。例如,贴福字据说是为了躲避姜子牙的老婆"穷神",倒贴"福"字据说是马皇后为了避免朱元璋乱杀人。传说朱元璋让家家门上都贴"福"字,其中有户人家不识字,竟把"福"字贴倒了。第二天,皇帝上街查看,发现这家把"福"字贴倒了,大怒,命令御林军将这家人抓起来,满门抄斩。马皇后忙对朱元璋说:"这家人知道您今日来访,故意把福字贴倒的,这不是'福到'的意思吗?"皇帝一听有道理,便下令放人。从此人们便将福字倒贴,一求吉利,二为纪念马皇后。在生育习俗方面,曲阜旧时习俗,女子婚后三年不生者,元宵夜到街上偷灯吃,一般偷刘姓("刘"谐音"留",寓意留住孩子)和戴姓("戴"谐音"带",寓意怀上孩子)的,民谣曰:"偷刘家的灯,当年吃了当年生;有了女孩叫灯哥,有了男孩叫灯成。"牟平、乳山、文登等地"剩"谐音"圣",当地群众过春节蒸大饽饽临结束时,总要用剩下的几块小面团(有时干脆就是提前预备下的)捏几条头似龙或蛇、身上有刺的所谓"剩虫"。民间认为,有一种能使衣食剩余的神虫,老百姓用节日剩下的面团蒸"剩虫",将它放在粮仓、囤子及衣橱里,祈求它会带来五谷丰登、衣食有余的好生活。此以"剩"寓"圣",跟以"鱼"寓"余"有异曲同工之妙。"剩(圣)虫"是一个较常用的方言词。民间比喻某种东西长时间吃不完、用不完或者取不完,便会说"出来剩虫"了。这一带准备过门或过门不久的新媳妇,最希望穿上婆婆给她做的新棉裤,认为穿上婆家的棉裤,以后的新生活将会粮米成仓成库,吃穿不愁，家业兴旺。而婆婆常乐于满足儿媳这一不高的要求。其实，棉裤事小，讨个吉利事大。以"裤"谐"库"，取其寄托之义。

同样的，甲乙两词语音相同，而乙词语的内容与死亡、灾难等不吉利的意思有关，民间便采取某种方式加以避讳。避讳也是为了吉祥。古时候的渔民在渔业生产中缺乏安全保障，遇风浪造成翻船、死人的事情常有发生。久而久之，渔民们便形成一些求平安、保康宁、图吉利的迷信习俗。为了避开"翻船"的"翻"，甚至也避开与"翻"字相同的音，就称翻身为"划身儿""划个儿"，称"帆"为"篷"，称"帆船"为"篷船"。为避开"完了""了了"的说法，打完一船鱼叫"满了"，把酒喝完叫"把酒满出来"，如此等等。每到过年之时，胶东一带就要蒸一种很大的馒头，叫作"大饽饽"。蒸的时候，由于火势很猛，常常使大饽饽裂开口子，当地人叫"笑了"，从不说"裂口子"。笑是人的动作，当地人赋予饽饽"笑"的动作，更增加了喜庆色彩。

再次，还用冠以喜庆吉祥的字、词去称代、比喻事物。如用"喜"冠以生育词语，求子叫"拴喜"，怀孕叫"有喜""害喜"，生孩子叫"添喜"，并到娘家"报喜"，备"喜蛋"。小孩出生后直到成年之前，又以红色庇佑其无病无灾，健康生长，如戴红肚巾、扎红腰带、钉红衣领子；每年端午节，用红布缝小鸡在帽子或衣袖上，再串上辣椒种，取名"鸡餐豆"，以祈不生水痘。传统的风筝多用人物、走兽、花鸟、器物等形象，或者民间喜闻乐见的神话故事，寓意福寿双全、连年有余、四季平安。

此外，还直接使用唱词，用表演性质的语言，表达吉祥的含义，有的叫"佛歌"，有的叫"巧话"。例如，大年初一敬天地，就有相关的吉祥歌词，供人们念叨："大年初一天气寒，多拜老天一整年。金香炉，银供桌，两把烧香往上搓。五个供，五个馍，五碗干菜随和着，满堂儿女把头磕。"泰安则有上供歌："大年五更地里寒，灶王老天整一年，金香炉，玉石桌，五碗供，三盘馍，五碗扁食往上托。先烧元宝后烧纸，大男小女把头磕，南无阿弥陀佛。"

最后，使用禁忌进行禁限，也是吉祥文化的一种表现方式。对于出行，从"父母在，不远游"，到"老不上北，少不上南""老不入川，少不游广"，就是一种禁忌。旧时人出行忌"黑道日"，即每月的初五、十五、二十五不利出行；而"杨公忌"之日更是禁忌出门，即正月十三、二月十一、三月初九、四月初七、五月初五、六月初三、七月初一、七月二十九、八月二十七、九月二十五、十月二十三、十一月二十一、十二月十九，这些日子忌出行。时至今日，"三六九，向外走；二五八，赶回家"仍是大众的普遍习惯。

四、吉祥文化的传承

几千年来，中华传统吉祥文化随着中华民族优秀传统文化的传承创新，一直展现着鲜活的生命力，展现着我们民族的文化心理、文化渊源、情感方式，展现着伟大中华民族追求幸福、平安的美好愿望。

吉祥文化的传承是全面的。生产生活中节庆、交际、商贸、婚嫁以及姓名等各类吉祥文化都在继承中发展，在传承中创新。

姓名。不只是一个符号，在很大程度上，姓名代表的是父辈对后代的希冀。以前有的人家都会花钱请算命先生测孩子的生辰八字，通过五行（即金、木、水、火、土）的旺衰，预测未来喜忌，再用与五行相应的字命名。

年画。年画、剪纸等民间艺术，传承着吉祥文化。年画是喜庆、吉祥之物，能给新年带来好兆头；剪纸、红灯笼、鞭炮、窗花、福字，现在仍然是过春节的标志，烘托着喜气洋洋的节庆氛围。

中国结。一根线绳缠来绕去，环环相扣呈"八"字形，就叫"八结"，又叫"八吉"，原本是佛教法物的"八吉祥"之一，后成为民众喜欢的挂饰。

纪念币。通过经艺术设计的寿桃、蝙蝠、南瓜、藤蔓、莲花、鲤鱼、鸳鸯、并蒂莲等纹饰、图案、符号，再用借喻、比拟、双关、谐音、象征等手法,以此表现中国人的生命意识、审美情趣和民族性格。中国人民银行发行的2015年吉祥文化金银纪念币一套8枚,其中金币4枚,银币4枚。该套吉祥文化金银纪念币分别表现"五福拱寿""瓜瓞绵绵""年年有余""并蒂同心"四大中华传统吉祥文化,为纪念币增添了一抹浓浓的吉祥色彩。

商标。商标是生产者在其商品或者经营标记上,由文字、图形或两者组合构成的,用于区别商品或者服务来源,具有显著特征的标志。借鉴传统吉祥文化,充分体现民族文化价值和意义的设计理念,用吉祥图案的"形""意""色"在商标中的创新再现,实现了形式美、形象美、意味美。[①]

吉祥物。南京举办的中国第十届全运会的吉祥物"金麟",既是古都"金陵"的谐音,同时也是传统吉祥物麒麟。2008年北京奥运会的会徽采用的是中国印,使用了吉祥色中国红。而2008年奥运会的吉祥物福娃系列更是传统吉祥符号的生动体现。

为了系统展现和传播中华吉祥文化,我们民俗学会的几位同仁从十年前便召开了一系列的吉祥文化研讨会,例如枣庄石榴与吉祥文化研讨会、聊城葫芦与吉祥文化研讨会,开始酝酿研究各类吉祥文化事象,提出了大约十几个选题,准备出版一套有关吉祥文化研究与普及的小丛书,并开始撰写各个选题的初稿。由于同仁工作变动等原因,原定的十几个选题,至今只陆续完成了九部,分别为语言卷、文字卷、服饰卷、饮食卷、商贸卷、民间艺术卷、民间信仰卷、动物卷、人生礼仪卷。

由于吉祥文化研究的融合度大,学术的边际范畴划分模糊,广义

---

① 参见陈苹:《论中国吉祥文化在商标设计中的运用与创新》,硕士学位论文,苏州大学,2007。

概念很大，狭义概念难以明确，所以，在写作过程中，我们确定了一些原则，首先，必须是吉祥事象、吉祥含义、吉祥语言，不论是哪一卷，所描述、叙写、论述的内容，必须具有吉祥的意义，以示与其他文化的区别。其次，对于相同的吉祥文化载体，按照各卷角度的不同，进行叙述和描写，各卷之间相互独立，单独成书。

还有一点需要说明：在语言风格、叙述描写、论述评价等方面，我们没有强求一致，体例上只划分了一级、二级标题，制订了一些写作规范要求，以便于各位作者能够呈现出各自的风采。

习近平总书记提出了"文化自信"这个宏大而坚定的命题，这给中华优秀传统文化研究和普及带来了又一个春天。泰山出版社高度重视这个选题，积极组织、多次协调，保证了这套书的出版。各位作者对原稿又加大了修改力度，最终使书稿定型为现在的这个样子。张廷兴、王加华两位教授统筹书稿，反复审阅，付出了心血。在此，我作为主编，对他们表示真诚的感谢。盼望本丛书能给读者带来对中华吉祥文化较为系统和感性的认知，一起弘扬中华民族的优秀传统文化。

是为序。

刘德龙

2018 年 5 月 30 日

目 录

前　言	1

第一章　吉祥语言的来源 ………………………………… 5
　　一、自然崇拜 ……………………………………………… 5
　　二、灵魂崇拜 …………………………………………… 12

第二章　吉祥语言的构成 ……………………………… 17
　　一、民俗与传说 ………………………………………… 17
　　二、口彩 ………………………………………………… 19
　　三、避讳 ………………………………………………… 25

第三章　吉祥语言的发展 ……………………………… 31
　　一、先秦文化典籍中的吉祥语 ………………………… 31
　　二、汉魏时期的吉祥语 ………………………………… 39
　　三、隋唐时期的吉祥语 ………………………………… 44
　　四、宋元时期的吉祥语 ………………………………… 48
　　五、明清时期的吉祥语 ………………………………… 52
　　六、方言中的吉祥语 …………………………………… 56

第四章　吉祥语言的类型 ……………………………… 59
　　一、问候语 ……………………………………………… 59
　　二、祝贺用语 …………………………………………… 63
　　三、禳解语 ……………………………………………… 72
　　四、祈祷语 ……………………………………………… 73

五、吉祥谚语…………………………………………………74
　　六、吉祥歌谣…………………………………………………85
　　七、吉祥对联…………………………………………………97
　　八、暗示强烈的数字…………………………………………105

第五章　吉祥语言的表现（上）……………………………………116
　　一、节庆吉祥语言……………………………………………116
　　二、生活吉祥语言……………………………………………143
　　三、交际吉祥语言……………………………………………158

第六章　吉祥语言的表现（下）……………………………………173
　　一、人生礼仪吉祥语言………………………………………173
　　二、生产吉祥语言……………………………………………190
　　三、贸易吉祥语言……………………………………………195

参考文献………………………………………………………………199
后　　记………………………………………………………………201

前 言

吉祥，即祥瑞、吉利。《庄子·人间世》："虚室生白，吉祥止止。"成玄英疏："吉者，福善之事；祥者，嘉庆之征。"从中可以看出吉祥原本的含义，即指那些福善、嘉庆的事情。那么，吉祥语言自然指的是那些有关福善、嘉庆的语言，也包括一些善事。《史记·范雎蔡泽列传》："岂道德之符而圣人所谓吉祥善事者与？"吉祥还包括一些好的征兆。如宋吴曾《能改斋漫录·记文》："盖道乡昔寓居阁上，忽于佛前地生五笋，甚可爱……州人传出，咸谓吉祥，以为为道乡发也。"时至今天，人们仍然喜欢用吉祥语言，向他人或自己表示祝福、安慰、期盼的心意。

吉祥语言是我国悠久历史文明的一个重要标志。后来佛教吉祥文化也融入了中华民族吉祥文化的大家庭。佛教宣扬修善能够为人带来吉祥。一个人做的善业多，这个人就能获得吉祥。吉祥的人福德会慢慢地增长，最终就能得到福报。《称赞净土佛摄受经》将这种情况称为"多福众生常乐受用"。佛经中还有"大吉祥"之说，就是听闻大乘，发菩提心，修功德，不仅自己永离灾祸，还能帮助他人永离灾祸。

佛教世尊有一段答言，确立了吉祥语言的基本范畴：

勿近愚痴人，应与智者交，尊敬有德者，是为最吉祥。
——心智智慧的语言

居住适宜处，往昔有德行，置身于正道，是为最吉祥。
——美好德行、环境与社会的语言

多闻工艺精，严持诸禁戒，言谈悦人心，是为最吉祥。
——从业、交际能力强的语言

奉养父母亲，爱护妻与子，从业要无害，是为最吉祥。
——道德品质高尚的语言

布施好品德，帮助众亲眷，行为无瑕疵，是为最吉祥。
——行为检点的语言

邪行须禁止，克己不饮酒，美德坚不移，是为最吉祥。
——避邪恶的语言

恭敬与谦让，知足并感恩，及时闻教法，是为最吉祥。
——文明的语言

忍耐与顺从，得见众沙门，适时论信仰，是为最吉祥。
——委婉避讳的语言

自制净生活，领悟八正道，实证涅槃法，是为最吉祥。
——规范、修养的语言

八风不动心，无忧无污染，宁静无烦恼，是为最吉祥。
——祈愿的语言

依此行持者，无往而不胜，一切处得福，是为最吉祥。
——幸福美满的语言。[①]

从语言学的角度看，吉祥语言主要包括吉利话、誓语、寿福禄语、诫勉语、祈语、问候语、祝贺语、颂词、口彩语、谐音语、委婉语等。

在我国传统文化和当下语境中，吉祥语言广泛深刻地融入了大众生活，发挥了它特有的交际作用。如：

用于节庆的吉祥语言——新年吉祥语、元宵吉祥语、二月二吉祥语、清明吉祥语、端午吉祥语、中秋吉祥语、腊八吉祥语等；

用于饮食的吉祥语言——饮食谚语、饮食口彩、菜名、烹饪术语、酒令与祝酒歌等；

用于居家的吉祥语言——穿着吉祥语、行旅吉祥语（包括交通工具命名、汽车与手机的牌号、出行、迎归、住店、通信、电话、短信、

[①]《佛说吉祥经》是著名佛教学者、中国佛教协会副会长李荣熙居士从南传大藏经中译出。译者在附言中写道："巴利文《吉祥经》是南传佛教各国及我国云南傣族地区佛教僧俗信徒日常念诵经文之一。"

明信片等方面）；

用于交际的吉祥语言——称谓吉祥语、问候吉祥语、筵席吉祥语、商贸吉祥语、江湖吉祥语、祝贺吉祥语等；

用于人生礼仪的吉祥语言——生育吉祥语、生肖吉祥语、结婚吉祥语、寿诞吉祥语、丧葬吉祥语等；

用于信仰的吉祥语言——神灵吉祥语、宗教吉祥语等；

用于生产贸易的吉祥语言——农耕吉祥语、渔猎吉祥语、养殖吉祥语、贸易吉祥语、网络吉祥语等。

在今天新时代中华民族复兴伟大征途上，在强调民族文化自信、弘扬优秀传统文化、推动社会主义精神文明建设的背景下，吉祥语言对于提升全民文明素养，对于提升网络交际的文明水准，对于振兴中华民族礼仪文化，都具有重要意义；研究吉祥语言的表现、构成、含义、使用，更有独特的理论学术意义和现实实践作用。

本书按照纵横贯穿、述论结合的原则，较为系统、比较扎实、内容丰富地展现了中华民族吉祥语言的方方面面：

第一章论述吉祥语言的来源，除了论述吉祥语言的本质性来源即自然崇拜和灵魂崇拜之外，也论述了语言本身的崇拜心理和社会因素。

第二章专论吉祥语言的构成，从民俗与传说故事对吉祥语言的强化、口彩与避讳的心理三个方面，归纳了吉祥语言的构成因素。

第三章记述了吉祥语言的发展情况。吉祥语言经过从古至今各个时期的发展，蔚为大观。

第四章列举了耳熟能详的吉祥用语的九大表现类型。主要是从语言学的角度，对吉祥语言进行分类，按照问候语、祝贺用语、颂词颂歌、禳解语、祈祷语、谚语、吉祥歌谣、吉祥对联、吉祥数字等类别进行分析说明。

第五章、第六章为吉祥语的表现，分析吉祥语言与大众生活的深度融合，即吉祥语的具体使用与表现。吉祥语深深融入节庆、生活、交际、人生礼仪、信仰、生产、贸易等各个领域和各种场合，成为群众生活中不可分割的组成部分。

第一章　吉祥语言的来源

语言来自劳动，语言的产生、劳动的合作、社会的形成是一致的。这是马克思的基本观点，也是目前学术界一致认同的结论。

吉祥语言是语言的重要组成部分。它具有吉祥意义，具有祝福性、超前性、时代性、民族性，在言语交际活动中，起到增添喜庆气氛，表达渴望平安、希望富裕、祈求幸福、热爱生活、鼓舞动力、安慰心理等各种作用，可以调节人际关系、塑造人物形象和反映时代特色。它和所有的语言一样，也是民众在生产劳动、社会生活、与自然和他人交往的漫长过程中被发明创造、不断丰富、传承使用的。它是人们认识自然与自我的结果，也随着人们认识的深入在不断向前发展。

从来源分析，吉祥语言多来自民众的信仰。民间信仰指的是对一些臆想的鬼神，以及神话中的人物，或者所谓的精灵的信仰，如观音、关帝、财神、土地城隍、家神、水神、狐仙、太岁等。这种信仰把信仰的对象当成自己的敬拜对象，通过烧香火、磕头、许愿，表达祈求庇佑的意思。也就是说，把自己的崇拜对象当作自己的保护神。民间信仰是先民和农耕时代的原始信仰、普遍信仰，与禁忌风俗一样，是十分庞杂的，包括自然崇拜、动植物崇拜、神灵崇拜、禁忌、巫术等，也包括民间原始宗教、道教、佛教，以及民间俗信等内容。

一、自然崇拜

人类自从形成了精神世界，就有了对所处的大千世界的种种迷惘与恐怖，于是便产生了祈求神灵、与神灵沟通的桥梁——巫术，以及与神灵沟通的使者——巫觋。他们被赋予了神奇的能力，通过一定的生产生活仪式，传递神灵的旨意。从此以后，人们逐步有了

神灵观念与灵魂崇拜、祖先崇拜，有了万物有灵的观念，有了对自然界的诸神信仰，有了图腾崇拜、生殖崇拜，等等。

这些崇拜，本身就具有吉祥的含义。定期举行相关的崇拜仪式，表演各种舞蹈，歌咏神灵的功德，以及陈述自己的期望和祈求，这些都是关于求安、求利、求好的内容，自然属于吉祥语言。

自然崇拜是原始社会先民们一种极其普遍的信仰，是先民们对大自然、对人类本身的一种基本认识。他们认为自然物和自然力都具有生命。各种自然物和自然力如山、石、土地、太阳以及风、雨、雷、电、洪水等，都是有灵魂的，它们高兴了便风调雨顺，不高兴了便带来风雨雷电、地震泥石流、干旱洪涝，带给人们苦难和死亡。因此，人们对自然就有了崇拜的心理，形成了神秘感与恐惧感。于是人们就按自己的需要和认识，用原始思维的方式，想象出各种神灵，以此来解释自然界和各种现象，认为统治和支配着人的自然力都是由某种神秘的不可知的力量主宰着的，它们可以按照自己的意愿给人带来幸福或灾难。此外，它们也像人类那样有欲望、有性情，只要向它们献殷勤、表忠心，它们就会给予人类幸福和利益。如果对其大不敬，则会降灾祸以惩戒。这种崇拜，主要表现在天体、自然力、自然物这三个方面。在这几个方面，都有献给神灵的很多颂扬和祈求的吉祥语言。

（一）天体崇拜

（1）太阳崇拜。中国古籍中常说的"金乌""赤乌""阳乌""踆乌"，即指太阳。在古代，对太阳的崇拜是非常普遍的宗教现象。太阳普照大地，给人们以光明，使万物得以生长。一旦没有太阳，天昏地暗，世界就会陷入一片黑暗。因此，在原始人眼中，太阳具有一种极其神秘的威力，人们对其无比敬畏。

我国殷墟出土的甲骨文中有许多关于"宾日""出日""入日"的记载，反映了殷人在日出、日落时的礼拜行为。古籍《尚书·尧典》也有"宾日"于东、"饯日"于西的记载。《史记·封禅书》记载：天子"朝朝日，夕夕月，则揖"。入元以后北京设立日坛祭拜。

关于太阳的称呼,江西称"搓太阳老";北京称"老爷儿";山东鲁西南称"天弟儿";山西南部叫爷爷、老爷儿,称"太阳出来"为"爷爷出来",称"太阳影子"为"爷爷影儿";河北说成"老爷儿(保定)""佛爷儿(涞水)"。对太阳如此众多的叫法,深刻反映了当地人民对"太阳"顶礼膜拜的敬仰之情。

(2)雨神、龙王崇拜。旧时各地每逢大旱,都要举行祈雨仪式,届时除了牺牲供品,必须由道家、佛家、师公巫师举行跳神及演唱等法事,请求龙王下雨。有时还要率众将砍下的猫头丢下龙潭,以比喻龙虎斗,认为此举可触动龙王,使天下雨,故又称"打龙潭"。

祈雨图

(3)月亮崇拜。月神也是自然崇拜的对象。神话故事说的嫦娥奔月、吴刚伐桂、玉兔捣药等都是对月神的崇拜。

发生月食时,民间称作"天狗吃月亮",人们要焚香祈祷,敲锣打鼓,高呼大喊,直到月亮重新出来为止。月亮崇拜的遗风至今可见,如八月十五中秋节拜月的习俗。

(4)星辰崇拜。星辰布满广阔的天宇,时隐时现,变化莫测,使人难以解释其现象,于是产生种种幻想,把星辰神化。如俗语所说:"天上一颗星,地上一口丁。"也就是说每个人都有一颗"本命星",天上掉了一个星,地上就相应地死去一个人。并把星辰分为吉星与灾星，吉星有紫微星、文曲星、武曲星、牛郎星、织女星、太白星等，灾星有彗星、孛星等。故民间有"皇帝是真命天子，是紫微星下凡；将相是文曲星、武曲星下凡"之说。民间建房立户，都取紫微星照射之日，正如对联所云："合口正遇紫微星，修建恰逢黄道日。"

道教神仙文曲星图

彗星形状像扫帚，在民间俗称"扫帚星"。古人相信"天人感应"，认为彗星出现，象征不祥，总要郑重其事地记载下来。在二十四史里面就有很多这样的记载。

（5）风雨雷电崇拜。古时人们对风雨雷电等自然现象感到不可理解，认为冥冥之中必有神祇主宰着这一切。特别是雷电，当闪电划破长空、雷声震撼大地之际，人们会特别震惊；当看到随着霹雳一声巨响，参天大树被劈成两半的时候，人们会特别惊恐。所以，人们对雷电的"神力"感到不可预测，把雷电看成神秘的神祇，并尊称为"雷公""电母"。

人们认为，雷公、电母专司人间善恶，专门击杀社会上不忠、不孝、不仁、不义或犯有过错而在现实生活中未遭惩罚的人。如果作恶多端，必遭雷公、电母惩罚。

广西民间甚至将雷公当作天上的主宰，认为其掌管风调雨顺，五谷丰登；将青蛙当作雷公的儿子，每年祭拜，以祈丰收。

（二）大地崇拜

1. 土地崇拜

土地生长五谷，万民赖以生存，因此人们对土地感恩戴德，就如蔡邕《独断》所言，"凡土之所在，人皆赖之，故祭之也"。

在过去,土地神称为社神。在社日这天,县令会率所属官吏备好鼓乐,到东门城郊迎接土牛。到立春日,县令鞭碎土牛,名曰"鞭春",以祈祷丰收和明示官府励农。人们争拾土牛碎片回来放在床上,认为可以压邪。这些活动,表现了人们对土地的崇拜。

在潮州地区,每年的农历六月二十六日是土地神诞辰。村民在这天都要备办牲礼进行祭祀。即使在平时,农民收割、播种的时候,也总带一些祭品在田头设祭。在全国各地村镇,普遍在村口建立土地庙,都比较简陋,有的甚至简单到用几块石头搭建。

2. 江河崇拜

河流自古以来就与人类的生存紧密相关,江河是哺育人类的母亲,是生命之源、文明之源。先民们依江河而居,除了直接取江河之水用于生活外,江河中的鱼虾蚌蟹和莲芡菱等水生动植物资源更是果腹的重要食物来源。但江河也同样具有桀骜不驯的性格,它们发起脾气来,常常涌起大的洪水,造成江河决堤,人类赖以生存的田地家园瞬间就可能被吞噬,大地变成汪洋泽国;有时又旱魃为虐,烈日炎炎,江河枯竭,赤地千里,颗粒不收。

所以,先民们将河流神化,并在此基础上创造出了河神,如黄河的河伯、洛水的宓妃、湘江的湘君湘夫人,对其进行虔诚的奉敬及隆重的祭祀。

人们过江、过河也有很多讲究,要说一些吉祥话,还要特别禁忌一些话语。这些都是江河崇拜的表现。

此外,人们还在漫长的历史过程中,形成了"龙王"这一特殊的族群神灵形象。茫茫大海和每条江河都有龙王统治,人们要向它祈求,要与它斗争,感情十分复杂。这也是江湖崇拜的文化表达。

3. 山神崇拜

古人将山岳神化而加以崇拜。各地均有自己的山神。从山神的称谓上看山神崇拜极为复杂,各种鬼怪精灵皆依附于山。

据《礼记·祭法》:"山林川谷丘陵,能出云,为风雨,见怪物,皆曰神。"虞舜时即有"望于山川，遍于群神"的祭制，传说舜曾巡祭泰山、衡山、华山和恒山。历代天子封禅祭天地，也要对山神进行大祭。民众也多于六月六祭山神。中国人把"山"看作是国家的一种原始象征，"江山"借代中国的例子比比皆是。苏轼《念奴娇·赤壁怀古》说："江山如画，一时多少豪杰。"岳飞《满江红》云："待从头，收拾旧山河，朝天阙。""山"由祖国的一种原始象征，进而延伸为国家政权的一种象征，直到现在，一些人还把历史上夺取国家政权的战争，称为"打江山"，把皇帝的统治称为"坐江山"。

（三）动植物崇拜

1. 动物崇拜

动物崇拜即以动物或幻想中的动物作为崇拜对象，如龙、马、牛、羊、虎、豹、蛇、猪、犬、凤、麟（麒麟）、龟。有关这些崇拜的语言也特别多。例如龙马精神、龙凤呈祥、喜鹊登枝。这一方面是狩猎时期原始人群社会意识的一种反映，另一方面也表现了人类长期以来与动物共生的世界观和自然观。

龙，能入海飞天，兴云布雨，神力无边；龙神主辖风伯、电母、雷公。唐宋以来帝王又封龙为王，龙王庙遍及城乡。在天旱、天涝之时，百姓有祈雨、止雨之祭。

凤，代表皇后，寓龙凤呈祥，在装饰、建筑物中屡见不鲜。

狐狸，以其机灵可爱，在民间被称作"狐仙"，主富贵、正义、报恩、惩恶，这在《聊斋志异》里有生动精彩的文学描写。

喜鹊，又名"野雀"，其鸣声悦耳动听，被民间视为吉祥喜庆之鸟。俗语"喜鹊叫，喜事到"，是说听到喜鹊叫，预示家中将有喜事。

燕子，民间以为吉鸟，燕子进家是吉兆，"燕往旺户住"，给人带来好运。乡村人都喜欢让燕子入宅筑巢，禁打燕子。

鸡，民间以其读音谐"吉"，且认为鬼怕鸡血，所以常用鸡为牺牲献祭，以禳解灾祸。

鱼，谐音"余"，民间视其为吉祥、富余的象征。

2. 树木花草崇拜

人们认为，作为百木之长的松柏树能够护佑天下太平、五谷丰登，故在祖坟祖陵栽种柏树以"荫庇"子孙。柏树长势旺，则预示家族旺；柏树长势弱或出现叶黄、枝枯现象，则预示家族内必有变故。在民间，逢年过节也在主要路口、村口扎松门，以示太平。特别是在春节、清明之际，百姓多折柏枝，在柏枝上夹以花生、果类等放置于供桌之上，以求神灵护佑天下太平、五谷丰登。

十二花神图

《庄子·逍遥游》："上古有大椿者，八千岁为椿。"民间以椿树比喻高龄、长寿。椿庭，即父亲。植椿象征光明、美好、太平。青年男女婚嫁所用的床，必须是椿木制作的。用椿木，寓意春（椿）心爱慕（木），百年好合。

民宅庭院中天然生出的柏树，墙上天然生出的榆树，有"院生柏""墙生榆"之说，民间认为此主富贵、有余、人丁兴旺。人们还把柳、紫薇、艾菊、寿桃等神化、官化、人化，将其作为庭院经常栽植的树木。

（四）发明创造神灵崇拜

1. 火神崇拜

火的应用，使人类较早地认识了它的功用以及和自身的利害关系，从而对火产生了敬畏之心，并当作神物加以崇拜。祝融是专职的司火之神，俗称火德真君。《墨子》载："天命融（祝融）隆（降）火于夏之城间西北之隅。"

其他民族也有崇拜火的风俗。如蒙古人认为火是圣洁的象征，世上万事万物都可以用火净化，有让使者从火堆之间通过以除不祥的习俗。

山东金乡、嘉祥、鱼台一带有在火神节送火神的习俗。是日，家家都绑扎柴把，柴把内夹带鞭炮，上插火神牌位。入夜，后生辈齐集村头，高举柴把排成长列，点燃后奔跑着朝西南方向把"火神"送到原野或山上。火光辉映，鞭炮声声，远远望去宛若游龙，景象壮观。据说送火神可保全年不发生火灾。而薪火相传、香火不断，都是子孙繁衍、家族兴旺的象征。

2. 家神崇拜

在广大的南方地区，称家神为本家祖宗。一般在每家每户正堂厅供奉家神牌位，每逢婚丧喜事、年庆节日，都要进行祭拜。而在北方，人们认为家中的灶、门、井、仓、床、厕均有神，要虔诚供奉。除此之外，还要供奉一些小动物，人们称之为"家神"或"家仙"。家神和门神、灶神差不多，也是一家之中的保护神。家神一般会保护本家人，但是，当主家处事不合道德规范或不利社会和谐时，家神还会惩罚一下主家。所以，有家神的人家一般要在逢年过节、家里有红白事时祭拜一下。

家仙，是北方普遍的一种动物崇拜现象。一般是家中发生过特殊的变故，便请狐狸、黄鼠狼、刺猬、蛇等动物为家仙，在里屋内摆上供桌，书写上"张三大仙""狐大仙""家仙""黄大仙"等名目，天天上供，以求平安吉祥。

二、灵魂崇拜

灵魂观念是远古时期人们由于不了解自己身体构造及各器官的功能，并受梦中景象的影响而产生的一种观念。这种观念以为，思维和感觉不是人们身体的活动，而是一种独特的，寓于身体之中而又可以离开身体的精神体灵魂的活动。人死了，他的灵魂还存在，还有它依附的物体，继续与人类交往。因此，人们因为留恋生命，留恋亲情，便会十分尊敬死者及其死后的鬼魂，并且希望自己或亲人死后，生命仍以另外一种方式存续下去，即能够在另外一个世界"重逢"，于是便产生了灵魂不灭观念。对于远古先民来说，肉体的死亡并不意味着灵魂的灭绝，人们会有许多办法使人走向重生，叫"托生""附体"。由此产生了许多具体崇拜的事象，产生了大量相关的吉祥语言。

（一）坟茔风水

民间迷信以为坟茔风水可以庇护后代。头枕江河，脚蹬高山，可使后代出斗米之官。旧时民间有许多关于把父母葬到风水宝地以后升迁的故事。

民间还有一套专门的风水宝典，对阳宅、阴宅规定了一些吉祥的准则。如四灵山诀："前朱雀，后玄武，左青龙，右白虎。"人们认为，朱雀方属于风水中的"明堂"，客厅宜设在此方。明堂要宽敞明亮，是一个招财进宝的地方，宜见水不宜见山，等等。人们认为好的风水布局，可使主人和家人事业有成、财源广进、婚姻幸福、家庭美满、身体健康、平安顺利、旺财旺丁。故而旺财类、化煞类、平安类、祈福类、婚姻类、镇宅类、求学类的吉祥语言比比皆是。

（二）随葬品

视死如生。民间认为人死后要进入的幽冥世界，与人间一样，需要许许多多的生活用品，于是就有了随葬品。

随葬品是随同逝者一起放入墓穴里的物品。有生活用品，如粮食、工具、家畜家禽、金玉器物、布帛绸缎、家具什器、书画玩物等；有烧化纸扎的盘盏碗碟、衣服鞋帽、被褥枕头、床铺桌椅、牛马车辆、书童婢女、住宅院落等。还要放象征财富的两样物品：元宝、老钱。人们用黄玉制作成元宝，它如同黄金一样，称为"黄玉元宝"。按照旧时迷信规矩，一般将四枚黄玉元宝放置在骨灰盒的四个角，叫作"四角压财财兴旺"；用翡翠玉制成玉钱，在骨灰盒底下放置七枚，叫作"脚踏七星脚踏财"，它们象征着财源滚滚来。

还必须烧"聚宝盆"。据传说元朝末年，江苏吴县有个人姓沈名富，原先家无资财，但心地善良，见有捕杀乌龟青蛙的，总是上前劝阻，或买下来放生。

聚宝盆图

有一天上百只青蛙全围聚在一个瓦盆边，鼓噪不已，沈富便把瓦盆拿回屋里，当洗脸盆用。银镯掉进了盆里，顿时，瓦盆中聚生出满满一盆银镯；把头上的银簪取下来扔进盆中，一转眼，又是满满一盆银簪。原来这是一个聚宝盆。他买田地，置办家园，成了"沈万三"。后来他又帮助朱元璋扩建了南京。此后，沈万三有一个聚宝盆的秘密也就传开了。天下人朝思暮想，绘成聚宝盆图案：堆金聚宝的盆上，站一童子，头上有"黄金万两"的合体字，手执一面书有"日进斗金"的令旗，四周绘以八宝如意等物，所要表达的愿望，不言而喻。此图又称《黄金万两》或《日进斗金》。

（三）鬼节

农历七月俗称"鬼月"，七月十五日中元节俗称"鬼节"。为了侍奉鬼魂，人们设立了鬼节及相应的仪式。

民间相传从七月初一开始，阴间就会打开鬼门关，放出被禁锢的那些孤魂野鬼，让他们到阳间来接受祭祀。而人间为了免受邪祟鬼怪的侵害，也要相应地举行一些祭祀仪式，即所谓的"中元普度"，要摆设贡品，念诵经文，放河灯，焚法船，演唱"外台戏"，以讨好这些鬼魂，祈求他们不要危害人间。这个习俗始自唐代，至宋代逐渐流行于民间。

（四）祖先崇拜

祖先崇拜又称"祖灵崇拜"。古代先民有视死如生的观念，相信祖先魂灵可以庇佑和赐福后代。赞美盘古、祭祀黄帝、建祠堂，都表现了对祖先的崇拜和敬仰。

目连救母图

祖先分为民族祖先和本家族祖先，随着民族的分化产生了各个分支的家族祖先；在家族中分出若干小家庭，于是又出现了个体家庭的本家祖先。祖先崇拜主要是祭祀有功绩的远祖和血缘关系密切的远祖。直至当代，民间尊祖祭祀活动仍十分隆重，分为时祭、岁祭、堂祭、祠祭等。

在祭祀的过程中，逐渐产生和完善了一套特有的吉祥语言，主要以讳称、颂词为吉祥。就是不直接指称、说出一些事物，如死亡的词语、父母的名讳。对于死亡的用语，根据不同情况、不同场合、不同文体而选用。

古人对"死"有许多讳称。《礼记·曲礼》："天子死曰崩，诸侯死曰薨，大夫死曰卒，士曰不禄，庶人曰死。"这反映了奴隶社会和封建社会里严格的等级制度。君王至高无上，享有种种特权，连"死"也有专称，除"崩"外，还有"山陵崩""驾崩""晏驾""千秋""百岁"等。一般官员和百姓死亡，则称殁、殂，或者"千古""殒命""捐生""就木""溘逝""作古""弃世""故""终"等。父母死后，孩子们则讳称"孤露""弃养"，其他长辈去世则婉称"见背"。佛、道徒之死，说法更多，如"涅槃""圆寂""坐化""羽化""示寂""仙游""登仙""升天""仙逝"等。"仙逝"现也可用于受尊敬的人之死。

到了现代，"死"的讳称更是五花八门，书面上除沿用不少古人的称谓外，又有了一些新的词语，如"安息""长眠""逝世""长逝""谢世""离世""亡故""永别"等。口头则一般婉称"老了""没了""坏了""过世"等，在特定环境中，也可说"去了""走了"等。"死"还有许多具有特殊意义的讳称，如：为正义事业而死叫"就义"，为国家和人民而死叫"献身""牺牲""捐躯""殉国""殉职"等，死于意外事故叫"遇难"，年幼而亡叫"夭折"，生病而死叫"病故"，年老在家安然而故叫"寿终正寝"，受尊敬的人死去叫"与世长辞"。

对死者年龄的说法也有吉祥的称呼。60岁以上的称为享寿，30岁以上的称为享年，不及30岁的称为得年、存年。

还有一套对死者的称谓。死者家属称呼祖父为先祖父、先祖考，祖母为先祖母、先祖妣，父亲为先父、先考，母亲为先母、先妣，伯父、叔父前加"先"，妻子为"先室""亡妻"，丈夫为"先夫""亡夫"；别人则在其前面加上"令"。送朋友母丧，则不书友母之名而书友姓及母家之姓，友姓下书一"母"字，如"张母杨夫人千古"。这类的款式是普通的写法，还有另一种写法，即均写称谓。如"世伯父马大人仙逝"，即前部分为挽者对死者的称谓，下半句是死者自己的身份。挽男者可称"先生""仁兄"；如是同学，可称"学兄"，也可称"学友"；如给女者，则称"女士"。

死者子女也有一套自称系统。父死母在，自称为孤子孤女；母死父在，自称为哀子哀女；父先死母后死，自称为孤哀子、孤哀女；母先死父后死，自称为哀孤子、哀孤女。

第二章 吉祥语言的构成

民众认为,语言不光是用于思考与交际,语言还有一种神秘的力量,它可以改变自然、社会和人的命运,故对它奉若神明,就形成了语言崇拜,以为有些话说出来了,就等于实现了,等于发挥实际作用了。因此,在一定场合有些话必须说,有些话不能说。必须说的,就具有了吉祥的含义。这就是语言的避凶就吉,即语言的崇拜。

语言崇拜起源于语言巫术。在古代,有些人被认为是能够连接人与自然、天界、鬼神的人,女称巫,男称觋。他们通过一定的仪式表演,利用和操纵某种超人的力量来影响人类生活或自然界。在此过程中,他们使用了歌舞、咒语,这样语言就有了特殊的魔力,就有了语言崇拜。

一、民俗与传说

我国各民族许多吉祥语言的形成与民俗习惯、传说故事紧密相关,是和语言崇拜联系在一起的。同时,吉祥语言反过来,又进一步强化了语言的崇拜。

(一)民俗的形成与巩固

吉祥语言都有一些"说法"。这些说法就是当地的民风民俗。它与吉祥语言同根共生。在山东济南长清灵岩寺大雄宝殿的前面,有两棵长在一起的大树,一棵是三四人才能合围的柏树,另一棵是柿子树。人们争相在树下照相留念,就是因为它暗合了百事如意的吉祥语言。

在我国大部分地区,特别是北方,送礼忌送书和钟,因为北方话中"书"音与"输"相同,"钟"音与"终"相同,不吉利。但是,上海地区青年人结婚却一反俗习,可以送钟。"钟"因"书"而得福成为吉祥物。原来当地语言中"书"和"始"同音,"钟"与"终"

同音,送一本书,送一台钟,就是对新婚夫妇最好的礼物,它们谐音"有始有终",寓贺新婚夫妇白头偕老。

其他大量的民间俗信现象,如"左眼跳财""男左女右""喜鹊叫,喜事到""本命年扎红腰带""二月二,剃龙头""男不拜月,女不祭灶""红到三十绿到老"等,都是这种心理和习惯讲究所形成的吉祥语言。①

（二）时尚的心理与风尚

时代在发展。每一个时代都有时代独到的风尚,有的稍纵即逝,有的沉淀到了历史文化的长河里。特别是进入工业社会、信息社会以后,随着信息传播越来越快,各地的时尚被迅速传播扩大,所形成的语言被迅速传开。其中的吉祥说法,尤为迅速。例如"三六九出门,二五八回家"的出门日期讲究,就反映了农耕文明传承下来的期望诸事顺利的心理。再如近20年来手机靓号水涨船高,含"8""6""7""9"的手机号往往受到很多人追捧。

（三）故事与传说的衍生

晋代葛洪所著《神仙传》里说,王方平精通天文历法,以后弃官入山修道,成了仙人。他的妹妹叫麻姑,非常漂亮,年龄十八九,喜欢穿绣花衣服,光彩夺目。她能穿着木屐在水面上行走,还能掷米成丹砂,终成仙女。这个故事就衍生出了"麻姑献寿"的吉祥语言。

沂蒙山区对黄鼠狼敬称"貔大哥",也称呼它们为"仙家""老黄家",认为黄鼠狼有灵性,能给一个家庭带来祸福,年深日久还会得道成仙、幻化人形。假如它对人有要求,人如果满足了它,它就会带给人们吃不完的米、面以酬谢;反之,则报复这家人。

"剩"与"圣"同音,山东牟平、乳山、文登等地群众过春节蒸大饽饽临近结束时,总要用剩下的几块小面团(有时干脆提前预备下)捏几条头似龙或蛇、身上有刺(用剪子尖铰成)的所谓"剩虫"。民

---

① 参见张廷兴、董佳兰:《民间俗信》,山东教育出版社,2017,第183-205页。

间认为，人世间存在一种能使衣食剩余的神虫，老百姓用节日剩下的面团蒸"剩虫"，将它放在粮仓、囤子及衣橱里，祈求它给黎民百姓带来五谷丰登、衣食有余的好生活。"剩（圣）虫"是一个较常用的方言词。民间比喻某种东西长时间吃不完、用不完或者取不完，便会说"出来剩虫"了。

二、口彩

口彩，民间叫"吉利话"，也叫讨口彩。甲词语的语音形式与乙词语相同或相近，而乙词语又具有吉祥、文雅的意义，便以两词语语音相同为条件故意造成谐音双关，使两词的意义相沟通，以此喻彼，以求吉利。在此基础上形成某种风俗习惯，一般在春节、婚嫁等一些特定场合说好听的话，图吉利、讨口彩，以增加喜庆和欢愉心情。

（一）口彩语的构成

口彩语有一套语言构成机制，大致来说有四种方式：

（1）在原词语的前边加上吉祥喜庆的语素，可构成口彩，如：喜酒、喜事、喜丧、长命鞋、长寿面、子孙馍馍。

（2）用美言代替原来的说法，即换一种说法，如：怀孕——有喜、害喜，做生日——上寿，结婚——办喜事，花生——长生果儿。

（3）谐音。有的用单词谐音的方法，如：今日开业——金日开业、大鸡——大吉、栗子——立子、筷子——快子、枣——早；有的是组合谐音，如：福到了——一张"福"字倒着贴在门上、墙上，五福临门——一张"福"字，其四角配四个蝙蝠的剪纸或图案，长命灯——一盏灯彻夜通明。

（4）象征。通过文字或图案等形式象征吉祥内容，如年画、对联、店名、"泰山石敢当"、祭祀用的纸香物品，等等。

（二）谐音与口彩

口彩多因谐音求吉利。如：

鱼。宴席必上的吉祥菜是"鱼"。以"鱼"谐"余",表示宴席结束了,但生活的幸福、欢快没有完结,仍然有余。

山东长岛等地过年时,无论家宴是否丰盛,一般都少不了这几道菜:义合菜(用蒜泥、海蜇皮、白菜心拌成)、煎鱼、炖豆腐。这"煎鱼"中的"鱼"也是取与"余"相谐音的含义。"炖豆腐"作为吉祥菜,也是与语音相同有干系:以"炖"隐含粮囤,以"福"寓指"幸福"。可见,这道菜所隐含的社会意义远远超过它自身作为菜肴的价值。这道菜已经成为渔民心中美好祝愿的象征。

枣、栗子。婚礼场合必须有"枣""栗子"。当青年人新婚之时,亲戚、邻居多赠送红枣、栗子等吉祥之果。在这里用"枣"谐"早",用"栗子"谐"立子",借此祈求新郎、新娘早生贵子。目的不在于它们的营养成分,关键在于它们的象征意义。

婚床早生贵子图案

花生。"花生"一词在民间有两种象征意义。一是新婚或者生孩子时,亲戚或邻里会送来包括花生在内的礼品。这是祝愿夫妇生的孩子既有男孩,又有女孩(民间叫"插花生",即男孩女孩交叉生)。二是民间也把"花生"奉为圣果,认为老人经常吃它长生长寿,病人吃它有利于健康。所以,亲友之间赠送花生具有吉祥、祝愿的意义。

棉裤。民间准备过门或过门不久的新媳妇,最希望穿上婆婆为其做的新棉裤,认为穿上婆家的棉裤,以后的新生活将会粮米成仓成库,吃穿不愁,家业兴旺。而婆婆也常常乐于满足儿媳这一不高的要求。其实,棉裤事小,讨个吉利事大。以"裤"谐"库",取其寄托之义。

（三）口彩使用场合

1. 春节吉利话

春节吉利话涉及春节活动的各个方面。春节特别禁忌说难听的话,俗语说"大年五更死了驴,不好也要说好",就是在一些物象、行为方面必须讨口彩。

民间有节前备年货的习俗,家家买鸡买鱼、炸鸡炸鱼,并说"这一年吉（鸡）也有了,余（鱼）也有了",讨"吉祥如意""年年有余"的口彩。

写春联、贴春联,都是选择欢乐、丰收、长寿、幸福的内容。把"福"字倒贴,讨"福到（倒）了"的口彩;门口院内也贴上"出门见喜""吉星高照"等内容的春联;鸡猪兔圈上贴"六畜兴旺",床头上贴"身体健康",粮囤上贴"余粮万担""招财进宝",橱柜上贴"黄金万两""衣服满柜""肉鱼满橱",车上贴"日行千里",其他小件上一律贴"酉"贴,谐"有"音;门口上方贴"萝卜钱儿",谐"撂百千",挂"挑钱儿",谐"挑钱";除此之外,家中还贴门神、福神、财神年画,寓平安、福佑、发财。

放爆竹,本来的意思是"竹报平安",就是用鞭炮声麻痹"年"这个怪兽继续昏睡,不再醒来伤害百姓。后来衍生出很多顺口溜,如"鞭炮一响,黄金万两""响亮响亮,人财两旺",丰富了放鞭炮的吉祥语系。

在包新年的第一顿水饺时,山东一带一般用豆腐馅,谐音构成吉祥语"都有福",又是素馅,寓一年平安、顺利。且在煮水饺时故意弄破几个,问"挣了吗",要答"挣了不少",而忌讳说"破了""烂了";还有的在水饺内放置糖、硬币等,寓甜蜜、发财,谁吃到谁有好运。

2. 新婚吉利话

新婚讨口彩,包括喜庆、生育、红火、美好这四个方面的吉祥内容。

有的因为闹洞房风俗，还增添了很多热闹的吉祥语言。

双喜图案

喜庆。新房内外贴红双"喜"字，写、剪成"囍"，寓"双喜临门"；窗花剪喜鹊登梅枝图案，寓"喜上眉梢"；与新婚有关的物事名称前都冠以"喜"字，如喜酒、喜烟、喜糖、喜花生、喜饼干、喜钱、讨喜、办喜事。

红火。以红寓新、避邪、求吉。在山东，很多用具用红纸包裹或红色染成，如家具漆成红色，新娘穿红袄红裤红鞋，蒙红盖头，铺红色的床、席、被褥，用红毡、红桌布，用红纸包裹器物，用红绸子裹红筷子插在新房门上方，用红绳捆扎壶、碗等嫁妆，系上红布条，用红线穿铜钱，染成红色的花生、栗子、红枣挂于被褥四角，或放入新床四周；用红纸包喜钱赏轿夫、车夫；在祖先的坟头顶压红坟头纸。甚至迎娶的路上，只要遇到桥、井、沟坎，都要用红纸压住，以求吉利。

美好。新娘进洞房前要在一个红椅子上坐坐，叫"坐坐性"，寓其驯服；新娘迈过门槛时，脚要踏糕和筷子，谐"高""快"，讨"步步高、快发财、快生子"的口彩；有的新娘进房后，在床上走一圈，象征着踩倒婆婆全家，不受夫权管束。新娘坐定床沿，就要吃"宽心面"，寓其不想娘家，也叫"长汤"，面条顺滑，寓以后日子顺利。新婚之夜要灯烛长明，叫"长命灯"。即使在新婚仪式之前，也在一些准备活动中讨口彩，如《临清县志》（道光十七年版）记述，旧时下催妆时男家赠一雄鸡，女家将雄鸡配以雌鸡一同抬往男家，俗称"长命鸡"。娘家在女儿妆盒内也放些麸子、盐，寓贤惠、有福，也寓"福缘"；在送亲途中，前有撒"大吉"帖的，四方红纸上书一"吉"字，寓吉日良辰，以避开井坎桥坡等处之邪恶凶神。

生育。新娘下轿后，扬撒香烟、栗子、枣、花生于其全身及院落，寓早生子、花花生，烟火绵绵；新娘吃的糕，要故意不煮熟，主持人问新娘"生不生"，新娘一定要回答"生"；在给新人铺床时，要撒栗子、枣、花生于床的四周，并且配上一些巧话，即《撒帐歌》："今年吃了栗子枣，明年生个大胖小儿。"上床石是潍坊寿光一带的风俗词语，结婚时新房床前放一块石头，新娘要踏着它登床，取其谐音"上床拾"。本地生孩子叫"拾孩子"，此俗含早生贵子的祝愿。

3. 生育吉利话

在中原地区，方言喜欢在生育词语前后加上"喜"字，如求子叫"拴喜"，怀孕叫"有喜""害喜"，生孩子叫"添喜"，男孩"大喜"、女孩"小喜"，到娘家报告喜讯叫"报喜"，还要备"喜蛋"送给亲朋好友。

小孩出生后直到成年之前，家人以红色庇佑其无病无灾、健康生长，如戴红肚兜，扎红腰带，在上衣上钉红衣领子。

每年端午节，用红布缝小鸡钉在帽子或衣袖上，再串上辣椒种子，取名"鸡餐豆"，以祈不生水痘。

4. 房院建设吉利话

在选用建房木材时，往往以木材种类名称谐音讨口彩，如用杏木作门，以求幸福；榆木作梁，以求余粮；松木作立柱木，以求长寿；鲁西南喜欢用楝木作床，谐"连子"。

在安门窗时，要贴对联"昨日太公从此过，说是今日好安门"，贴"安门大吉""安窗大吉""太公在此"；在上梁时要贴"上梁大吉"，以求吉利，梁上拴一红绸，吊一串铜钱，谐"十全"；门两边底石、影壁上刻画蝙蝠、鹿，或书写"福""禄"。

在山东，院内多栽牡丹花、石榴树、槐树。人们把牡丹花称为"富贵花"，家有牡丹可富贵吉祥；栽种石榴树可"榴开百子""留子孙"；槐树可招财或生子，如胶州有谚"门前一棵槐，不是进宝，就是招财"，滕州还有吃槐籽的祈子习俗，以谐"怀子"。

5. 宴席吉利话

民间讲究宴席的菜谱、上菜程序。在山东，讲究"头鸡二鱼三豆腐",寓吉利、富余、幸福;还有栗子炖鸡的特色菜,寓意相同。

宴席上对鱼的摆放位置、鱼的吃法也有讲究:鱼头对着主客,鱼眼夹给主客;先行"头三尾四肚五背六"的酒令,再开始吃鱼,寓富余长久;翻鱼忌说"翻",叫"正过来""划过来"。

此外,所行酒令全是讨口彩:一是一心敬、一心一意;二是宝拳一对、哥俩好、弟兄们好、好事成双;三是连中三元、三桃园;四是四红四喜、四季发财;五是五福临门、五福同寿、五季魁首;六是六六大顺;七是七巧七巧;八是八匹战马、八仙过海;九是快升官;十是全了全了、十全十美。输了喝酒,叫"赢",喝干叫"满上",最后一杯酒叫"全家福"。

饯行和接风,讲究"出门包子回家面",祝愿出门挣一包子钱,老家能羁绊住他,让他留在家乡,不再外出奔波。

有些地方,如山东济宁,待客必上讨口彩的菜,用生菜待客,谐"生财"音。

6. 祝寿吉利话

祝寿时讨口彩,一是表现在祝寿的礼物上,冠以"寿"字,如寿面、寿酒、寿宴、寿桃、寿礼、寿幛;二是进行"买寿"的活动,儿女们凑钱买纸香,在生日时祭拜天地,祈求父母长寿。

7. 祭祀吉利话

在祭品上,讲究三碗菜、三碗水饺、每碗三个水饺,顺应"神三鬼四"的说法,以表示所敬者为"神";把用榆枝扎成的挂满纸钱的树状物叫"摇钱树";烧祭用的纸叫黄表、元宝、金锞子;香折了忌说"断",而说"存"。

在祭奠时,每一物事都有一套讨口彩的顺口溜。如祭灶时,就说"灶

摇钱树年画

君上天,有啥说啥,多加美言,少说闲话",或说"上天去您多言好事,下界来您广降吉祥"。

8. 开工、开业吉利话

农家将立春作为一年农作的开始,过去有鞭春牛的习俗,后来集体"出行",放鞭炮,并象征性地刨土,说一套吉利话:"一刨金,二刨银,三刨刨了个聚宝盆。"开业时往往张贴"金日开业""开门大吉"等吉利语。

9. 数字口彩

民间在一些数字上设吉利语,如衣扣等喜单数,与扣眼合成双数;送嫁妆、送粥米的人数喜欢用双数,取"成双成对"之意;以三、六、九为吉祥数字,特别喜欢"六",取"六六大顺"之意。后又普遍喜欢数字"8""518""888"等,谐音"发""我要发""发发发"。

10. 解禳语

此外,还有禳解时所用的一套吉利语,有的叫"巧话",如吃了脏东西,便说"不干不净,吃了没病";砸碎了器物,便说"旧的不去,新的不来";钱物受了损失,便说"拿钱买寿,去钱消灾"。

有的叫"顺口溜儿",如杀鸡时,山东一带就说:"鸡呀鸡,你别怪,你是我的一碗菜;有心不杀你,又怕那客来怪;罢呀罢,还是杀了罢。"

有的很长,叫"佛儿",如老太太抽烟时所唱的:"我这个老嬷嬷儿八十八,耳不聋来眼不花,伸手摸起火镰匣儿,吃袋香烟解解乏。大儿做高官,二儿是探花;一对姑娘是灵芝草,一对媳妇是牡丹花。前院里一棵梧桐树,后院里一棵芙蓉花。梧桐树上落凤凰,一辈子一个状元郎,富贵荣华咱是头一家,我念阿弥陀佛。"

三、避讳

避讳禁用的词语,称为避讳语或禁忌语。甲乙两词语语音相同,而乙词语的内容是与死亡、灾难等不吉利的意义有关,便采取某种方式加以避讳，也就成了委婉语。所以，避讳语、禁忌语、委婉语是角度不同但是实质一致的三位一体的语言体系。

（一）避讳的范围

禁忌语来自民间崇拜。民间崇拜的范围广泛，因此禁忌语的范围也很广泛。

民间关于庭院植树流传着这样一句谚语："前不栽桑，后不栽柳，院内不栽鬼拍手。"它告诫人们，门前栽树不可栽桑树，房后栽树不可栽柳树，院中不可栽白杨树。究其原因，据说是由于"桑"与"丧"同音，门前栽桑是"顶门桑（丧）""丧（桑）门"，主家破人亡。后不栽柳是因为一说柳寓意后代走下坡路，另一说象征花荫柳下，是伤风败俗之场合。至于为什么院内不栽"鬼拍手"，是因为人们认为杨树叶子经常发出哗啦哗啦之声，有利于盗贼行窃。另外，盖房子做门，无论门框还是门扇，都不用桑木。因为"桑门"听起来与"丧门"同音，寓意不吉祥。

我国海岸线绵长，有丰富的江河资源，沿河沿海地区以渔业为主要生产方式。在科技不发达的旧社会，渔民的渔业生产中缺乏安全保障，遇风浪船翻人亡的事情时有发生。久而久之，渔民们便形成了一些迷信习俗和求平安、保康宁、图吉利的心理。为了避开"翻船"的"翻"，甚至也避开与"翻"字相同的音节，称躺着翻身为"划身儿""划个儿"，称"帆"为"篷"，"帆船"称"篷船"。为避开"完了""了了"的说法，一船鱼卸完叫"满了"，把酒喝完叫"把酒满出来"，如此等等。

（二）避讳的机制

对于那些交际里必须提到，但忌讳直接说出的话，人们便会换种说法，这就是避讳语。避讳语其实就是语言禁忌，它是各种禁忌行为中的一种，或者说它是禁忌习俗的组成部分。在各民族语言中都存在各式各样的避讳语，有的由于长期不说，人们都只是习惯性地遵守，并不清楚这就是避讳习俗。

1. 敬重避讳

敬重避讳指出于对图腾、神灵、祖先长辈的尊崇、敬重，人们对它们的名字或其他有关的事物不直接说出，而是采取委婉的说法来替代，并逐渐形成一种习俗或礼制。①

民间主要体现在语言上对神灵的崇拜。如大家买财神像时不能直接说"买"，而要说"请财神"，卖者也不能说"卖"，而应该说"送财神"。旧时每逢年节，总有一些乞丐拿着财神、灶王等年画，挨家挨户"送财神"乞讨钱物，家家户户必须高高兴兴地"接财神"。如果直接说了，就等于对神灵不尊，所祈求的吉祥也就难以实现。

人们对于祖先长辈的名字是严格避讳的，晚辈不能直呼长辈名字。过去，对长辈名字的避讳有一整套严格的礼制。即使是现在，一般情况下，子女都不能直接称呼自己长辈的名字，而要用亲属称谓。山东方言亲属称谓以父系称谓为中心，长幼有序，老少分明，具有严格的秩序性。如：对长辈，称父亲为"爷""爹""爸""大"，母亲为"娘""妈"，祖父为"爷爷"，祖母为"奶奶"，其上每长一辈，前加一"老"字以示区别。对晚辈，称子为"儿"，女为"闺女"，子之子为"孙子"，子之女为"孙女"，其下每下一辈，加一"重"字以示区别。对同辈，非常注重排行，长幼有序。如，称祖父的兄弟姐妹为大爷爷、二爷爷、三爷爷、大姑奶奶、二姑奶奶、三姑奶奶等；称父亲的兄弟姐妹为大爷、二大爷、三大爷、大姑、二姑、三姑等。他们的配偶，也按他们的排行称之为"大奶奶""大姑老爷""大娘""大姑夫"等。有的地方如胶东，次序更为齐整，称父亲为"大""爹""爸"，称伯父则为"大大""大爹""大爸"，叔父则为"二大""二爹""二爸"……有的家族三代四代之内的同代人，全按一个顺序排下来，显得人丁兴旺，势力庞大，家族统治严密。

---

① 齐涛主编：《中国民俗通志·民间语言志》，山东教育出版社，2005，第211页。

对于晚辈，小时候称呼乳名，但是对成年者，却忌讳称呼姓名或者乳名，应该称呼"老×""×份里""×儿""×闺女"（×表示排行）。

"进了一家门，就是一家人。"对姻亲，当面要用血缘关系的称呼。对于妻子来说，称呼丈夫的一切亲人，一律随丈夫，也就是说，如同称呼自己的亲人一样。只有背称，就是不当面提及的时候，才能称夫之父为"公公"，母为"婆婆"；有时为了稍微表示礼貌，冲淡不敬色彩，在其后再缀上嫡亲称谓词，如"公公爷""婆婆娘""大伯子哥""大姑子姐"。而对于丈夫来说，称呼妻子的亲人也一律随妻子。只有在背后才称岳父为"丈人"，岳母为"丈母娘"。而称呼妻之姐妹的丈夫，则用"连襟""割不断""一肩挑""两乔""连桥"谑称。这些词语均不当面称呼，否则相当不礼貌。

对陌生人，也根据其年龄、性别特征，称之为"大爷""大娘""大哥""大嫂""大兄弟""大妹妹"。但在鲁西南地区，除亲属称谓外，对陌生人忌称"大哥"，见面应叫"二哥"，"二哥"是尊称。据说，起因于武大郎与武松的传说故事。武松排行老二，英雄豪气了得，是山东大汉的典范。而在鲁东南地区，见面须称"三哥"，俗以为"大哥王八二哥龟，就数三哥是好人"。

作为晚辈，无论是当面还是背后，如对长辈直呼其姓名都被认为是没有教养的表现。现在，如在机关、公司等单位上班，对职位比自己高的人，其称呼一般也是用姓氏加职务称谓的形式以表尊敬。①

这种称谓，属于文明语言系列，不属于直接的吉祥语言。但是，不按照这套规则称呼，就容易惹得对方反感，不利于人际交往。

2. 畏惧避讳

畏惧避讳指对那些表示所畏惧事物的词语的避讳。人们出于语言

---

① 齐涛主编：《中国民俗通志·民间语言志》，山东教育出版社，2005，第226页。

灵力观念，由畏惧死亡、灾祸、贫穷、疾病、凶恶动物等事物，进而畏惧表达这些事物的词语，认为直述这些词语是不吉利的，需要表达这些概念时就用其他委婉语词即避讳语来替代。如人们对死亡的表述是非常丰富的，在书面语和口语中都有不同形式的表述，书面有"过世""逝世""去世""作古""辞世""归天""归西""驾鹤西去""仙逝""寿终正寝""撒手人寰""告别人世""命归黄泉"等；在人们口语中常说的有"走了""老了""去世了""没了""不在了"等。

人们如果在节庆或婚嫁时不小心把碗打碎，会赶紧说"岁岁平安"。大家认为在喜庆的时候打碎碗是不吉利的，但"碎"与"岁"同音，说了"岁岁平安"之后，不吉利就会转变成吉利了。

3. 嫌恶避讳

嫌恶避讳是指对表述嫌恶或不体面事物的词语的避讳和代称。[①] 关于人体的、排泄的、生育的、性交的词汇，人们认为直白地指称往往不文雅，故常用委婉的词语来代替。在日常生活中，把大小便称为"上厕所""上洗手间""上卫生间"，农村叫"上茅房""解手""方便一下"；古代更文雅，叫作"出恭""更衣"等；把小孩大便说成"拉屁屁"，小便说成"尿尿""嘘嘘"。

（三）避讳的内容

1. 神灵禁忌语

民间有对各种神祇的崇拜，其称呼后必须加"爷""老爷""奶奶""娘娘"以示敬畏。如：老爷爷儿（太阳）、月奶奶（月亮）、天老爷、地母奶奶、观音娘娘、送子娘娘、财神爷、门神胡爷、山神老爷、阎王爷、灶王奶奶、老母奶奶（泰山老母），并把灶王老爷（也叫灶王爷）称为"一家之主"。

另外，民间对某些动物也有崇拜。民间有供奉"宅仙"的习俗，

[①] 齐涛主编：《中国民俗通志·民间语言志》，山东教育出版社，2005，第226页。

把黄鼠狼、刺猬尊为"仙家""黄仙""老黄家""老邻身家""老福神"，把狐狸尊为"大哥""仙姑""胡大仙""黑嘴巴子"，初一、十五进香，以佑全家平安富裕。传说以为，直呼其名就是不敬。它们会在一夜之间，领来"车货子"（就是运输队），盗走所有财物，搬运到敬它的人家去。

人们对动物的崇拜，还表现在对虎、狼、蛇等的厌恶与恐惧上，讳称虎为大猫，狼为大口、犸虎、老麻子，蛇为长虫、长长、小龙儿。

2. 疾病、死亡禁忌语

对于病、死，民间讳莫如深。如小孩儿口无遮拦，说"腰疼"，父母马上用语言破解："小孩儿没腰。"即使真的有病了，也委婉称之为不好受、不好、不大好、不熨帖、不舒坦、生癞、有症候儿、不壮实。

对正常死亡，民间说成老了、没了、走了、不在了、不好了、老大了、过世了、咽了气、伸了腿、撒了手、倒了头、挺了脚、合了眼、不受罪了；自杀说成寻思不开、招了邪魔、钻牛角、寻短见、寻无常、伸了脖子（上吊）、伸了头（上吊）、挂了（上吊）；病死说成没抬头、治不过来、没收救；夭折说成伤了、扔了、抛撒了。

山东有些地方把表极度含义的"死"字换成"杀""毁"，如乐死人——喜杀人、气死了——活气杀、憋死了——闷毁了。忌讳提到"死"，禁说"活够了""撑死了"，认为说巧了"赶上时辰"，会成真，所以对咒语、誓语特别禁忌。

同时，民间也讳言与死亡有关的物事，如把棺材称为板、材、寿货、寿木、寿器、器木、寿材、寿活路，把殓衣称为送老衣裳、寿衣，把坟地称为林、林地、舍林子、岗子。

当然，我们知道吉祥语、禁忌语、避讳语、委婉语都有各自的规定，但也有一定的交叉。因为语言交际的目的和观念是一样的，都是为了文明，为了被对方接受，赢得对方的好感。所以，尽管禁忌语、避讳语、委婉语不全都是吉祥语，为了叙述的完整性，在这里我们也一并融合在吉祥语的构成体系中。特此说明。

第三章　吉祥语言的发展

我国的吉祥语源远流长，在各民族丰富多彩的生产生活和历代文化典籍中，都留下了大量的吉祥语言，成为我国众多民族文化遗产中独具特色的一朵奇葩。

本章将按照我国历史发展的脉络，分为先秦、汉魏、隋唐、宋元、明清吉祥语和近现代方言等六部分进行叙述，以便弄清楚各个历史发展阶段吉祥语言的特点和基本内容。

一、先秦文化典籍中的吉祥语

（一）《周易》吉祥语

《周易》是一部中国古代哲学典籍，亦称《易经》，简称易。易的主要意思是变化，《周易》以高度抽象的 64 卦的形式，表征普遍存在的各种关系，以及可能发生的各种各样的变化，并附以卦爻辞作简要说明。

《周易》为周人所作。传说周文王演周易，由"—"和"--"代表阳和阴两个对立又统一的方面，通过排列，得出六爻八卦，即每一卦都有六条爻辞。卜辞都是关于生产、出行、行为、战事等内容的，无非就是吉与凶的预测与应验。其中有很多是吉祥语言。

以乾卦的六爻为例：

乾（卦名），元亨利贞（卦辞）。初九，潜龙勿用。

八卦图

九二，见龙在田，利见大人。九三，君子终日乾乾，夕惕若厉，无咎。九四，或跃在渊，无咎。九五，飞龙在天，利见大人。上九，亢龙有悔，吉。

以上这六条文辞即是爻辞。其中"见龙在田，利见大人"就是吉祥语，意思是龙出现在大地上，有利于大德之人出来治世，喻指君子走出了压抑的低谷，正开始谋取能够广泛施予德泽的社会地位。"君子终日乾乾，夕惕若厉，无咎"，意思是有才德的君子始终是白天勤奋努力，夜晚戒惧反省，虽然处境艰难，但终究没有灾难。"或跃在渊，无咎"意思是龙也许跳进深潭，表示可以有所作为而没有灾难。"亢龙有悔，吉"意思是居高位的人要戒骄，否则会失败后悔。

其他这样的吉祥语比比皆是。如："见群龙无首，吉"，意思是群龙出现在天空，谁也不自居首领，吉利。"直、方、大；不习，无不利"，意思是平直、方正、辽阔是大地的特点。即使前往陌生的地方，也没有什么不利的。"含章可贞，或从王事，无成有终"，意思蕴涵美德可以坚守正道，或者效力于君王，虽没有取得战绩，但结局还是好的。"黄裳，元吉"，意思是黄色的裙裤，大吉大利。

《周易》中的吉祥语主要有：吉、利、永、贞、元、亨、无咎。

吉：会意字，甲骨文字形上像兵器，下像盛放兵器的器具。合起来表示把兵器盛放在器中不用，以减少战争，使人民没有危难。"吉，善也。"（《说文》）"礼义顺祥曰吉。"（《周书·武顺》）"安贞吉。"（《易·坤》）"吉"为好、有利的、幸福的之意，与"凶"相对，也有善、贤、美的意思。常用词语有吉利、吉期、吉庆、吉日、吉时、吉祥、吉兆、吉祥物、吉人天相、吉星高照、逢凶化吉。

利：会意字，从刀，从禾。表示以刀断禾、收获谷物的意思。本义刀剑锋利，刀口快。引申义为收获谷物、得到好处。与"害""弊"相对，如利弊、利害、利益、利令智昏、兴利除弊。还指使顺利、得到好处：利己、利用厚生（充分发挥物的作用，使民众生活优厚富裕起来）。又指与愿望相符合：吉利、顺利。商业上指从事生产、交易、货款、储蓄所得超过本钱的收获:利息、利率、一本万利。《周易》《讼》卦云:有孚,窒惕,中吉,终凶。利见大人,不利涉大川。《大壮》云:利贞。《需》云:有孚,光亨。贞吉,利涉大川。

永:象形字,像水流曲曲折折的样子。意思是久远。《周易》坤卦"用六"《象》曰:用六永贞,以大终也。

贞:会意字,从卜,从贝(甲骨文作"鼎",后改为"贝")。鼎本是食器,这里表火具,即用火具而卜。本义占卜,假借为"正"、为"定",端方正直的意思。如贞白(正直清白)、贞曜(正光)、贞一(心正专一)、贞期(政治清明的太平盛世)、贞明(正大光明)、贞确(贞正坚固)。《颐》卦云:贞吉。观颐,自求口实。《咸》卦云:亨。利贞。取女吉。《困》卦云:亨。贞大人吉,无咎。有言不信。《渐》卦云:女归吉,利贞。《旅》卦云:小亨。旅贞吉。《乾》卦云:元,亨,利,贞。《无妄》卦云:元亨,利贞。其匪正有眚,不利有攸往。

元:头、首、始、大。《周易》《比》卦云:吉。原筮,元,永贞,无咎。

亨:通达,顺利,如亨通、亨运(旧时指命运亨通太平盛世)。《周易》《大过》卦云:栋桡,利有攸往,亨。《离》卦云:利贞。亨。畜牝牛吉。

无咎:没有过失、无所归罪。常用作人名,如晁无咎、公孙无咎、张无咎。《周易》《师》卦云:贞,丈人吉,无咎。

(二)《尚书》誓语颂语

《尚书》又称《书》《书经》,为一部多体裁文献汇编,是中国现存最早的史书,分为《虞书》《夏书》《商书》《周书》。战国时期总称《书》,汉代改称《尚书》,即"上古之书"。因是儒家五经之一,又称《书经》。里面有很多关于战争、为官、行政内容的誓语,属于吉祥语言。誓语指的是宣誓、誓言,也指合乎法规的要求;颂语就是赞颂、歌颂的话。

《尚书·尧典》中颂扬帝尧功德的颂语是:"克明俊德,以亲九族。九族既睦,平章百姓。百姓昭明,协和万邦。"意思是公正很重要,

一是能发扬才智美德,二是使家族亲密和睦,三是能辨明百官的善恶,四是使各诸侯国协调和顺。即上下和睦,百姓才安居乐业,这是治理国家的愿望,也是儒家思想的理想社会。

《尚书·大禹谟》歌颂大禹为治水的事业竭尽全力,不辞辛苦,又能够生活节俭:"克勤于邦,克俭于家。"这是修身、齐家、治国的美德。

《尚书·太甲中》曰:"视远惟明,听德惟聪。"意思是能看到远处,才是视觉锐利;能听从好话,才是听觉灵敏。这是圣贤的基本要求,也是吉利话、赞颂话,鼓励人们注重自身修养,勤奋学习,诚心求道,时刻躬身自省,检讨自己的言行,胸襟宽广,善于听取意见,不要时常享乐和懒惰,用诚信、仁厚的美德赢得事业的成功,永不懈怠。

(三)《诗经》美词

《诗经》是中国汉族文学史上最早的诗歌总集,收入自西周初年至春秋中叶五百多年的诗歌(前11世纪至前6世纪)305篇。其中"风"160篇,为周朝15国的歌谣,多写民间的生活、生产、爱情。里面有很多赞美之词,特别是赞美女子的词语,我们称为美词,是吉祥语的重要组成部分。

《周南·关雎》:"关关雎鸠,在河之洲。窈窕淑女,君子好逑。参差荇菜,左右流之。窈窕淑女,寤寐求之。求之不得,寤寐思服。悠哉悠哉,辗转反侧。参差荇菜,左右采之。窈窕淑女,琴瑟友之。参差荇菜,左右芼之。窈窕淑女,钟鼓乐之。"整首诗赞美了文静美丽的好姑娘,让歌唱者时刻放心上,表示自己一定要隆重地娶到她。

《周南·桃夭》:"桃之夭夭,灼灼其华。之子于归,宜其室家。桃之夭夭,有蕡其实。之子于归,宜其家室。桃之夭夭,其叶蓁蓁。之子于归,宜其家人。"夭夭,桃含苞貌。一说形容茂盛而艳丽的样子,一说形容少壮的样子。灼灼(音茁),鲜明貌。华,花。归,妇人谓嫁曰归。宜,与仪通。仪,善也。室家,犹夫妇。男子有妻叫有室。女子有夫叫有家。整首诗赞美心爱的女子就像桃树蓓蕾缀满枝杈,鲜艳明丽如一树桃花。

《卫风·硕人》写新娘手指纤纤如嫩荑，皮肤白皙如凝脂，美丽脖颈像蝤蛴，牙如瓠籽白又齐，额头方正眉弯细。微微一笑酒窝妙，美目顾盼眼波俏："手如柔荑，肤如凝脂，领如蝤蛴，齿如瓠犀，螓首蛾眉。巧笑倩兮，美目盼兮。"

《唐风·绸缪》："绸缪束薪，三星在天。今夕何夕，见此良人。子兮子兮，如此良人何。"意思是说，把柴草捆得更紧些吧，那三星高高地挂在天上。今天是个什么样的日子呀？让我看见如此好的人呀。你呀你呀，你这样好，让我该怎么办呀？"良人"成为吉祥美词。

《陈风·月出》的"月出皎兮，佼人僚兮"赞美的是月下美人：月亮出来亮皎皎，月下美人更俊俏。

也有很多赞美男子的词语。如《卫风·淇奥》："有匪君子，如切如磋，如琢如磨。"赞美君子文采风流，似象牙经过切磋，如美玉经过琢磨。

更多的是歌颂爱情的美词。《邶风·击鼓》："死生契阔，与子成说。执子之手，与子偕老。"说的是生生死死、离离合合，无论如何要实现我们的诺言，就是牵着你的手，一起到老。

"雅"是宫廷乐歌，共105篇，是贵族享宴或诸侯朝会时的乐歌，大半为贵族作品。它们也有浪漫的情调，有很多盛赞之词。

《小雅·白驹》："皎皎白驹，在彼空谷。生刍一束，其人如玉。"皎洁的白色骏马，在空寂的山谷。它咀嚼着一捆青草，骑着这匹马的男子，如玉般美好。

《小雅·鹿鸣》："呦呦鹿鸣，食野之苹。我有嘉宾，鼓瑟吹笙。"说的是野鹿呦呦叫着呼唤同伴，在那野外吃艾蒿。我有许多好的宾客，鼓瑟吹笙邀请他。

《小雅·鹿鸣之什·天保》："如月之恒，如日之升，如南山之寿，不骞不崩，如松柏之茂，无不尔或承。"此为祝寿之词，说这位老人好比天上上弦月，好比太阳正高升，好比南山寿命长，不会亏蚀不会

崩，好比松柏一样茂盛，子子孙孙相继承。

《小雅·北山之什·北山》："溥天之下，莫非王土；率土之滨，莫非王臣。"这是赞颂王权政治的：广大的天下，没有不是王者的疆土。四海之内，没有不是王者的臣子。

而"颂"则是祭祀周、鲁、商祖先的乐歌和舞歌，共40篇，多为歌颂美化祖先功德、春夏之际向神祈求丰年或者秋冬之际酬谢神灵的篇章，多属于颂语、赞词。如《丰年》："丰年多黍多稌，亦有高廪，万亿及秭。为酒为醴，烝畀祖妣，以洽百礼，降福孔皆。"说的是在丰收的日子里，人们兴高采烈而又隆重地祭祀先人，希望他们赐给后人更多的福分。

（四）《礼记》愿语

《礼记》是中国古代一部重要的典章制度书籍，儒家经典著作之一。该书编定者是西汉戴圣，他辑录了秦汉以前各种礼仪著作，以孔子与学生问答的形式编纂成书,共49篇。其中有许多表达美好愿景的语言。

大同世界。《礼记》："孔子曰：'大道之行也，与三代之英，丘未之逮也，而有志焉。'大道之行也，天下为公。选贤与能，讲信修睦。故人不独亲其亲，不独子其子，使老有所终，壮有所用，幼有所长，矜寡孤独废疾者，皆有所养，男有分，女有归。货恶其弃于地也，不必藏于己；力恶其不出于身也，不必为己。是故谋闭而不兴，盗窃乱贼而不作，故外户而不闭，是谓大同。""天下为公"这种愿景，成为中华民族历代文人志士和亿万民众共同奋斗的目标。

小康。孔子曰："今大道既隐，天下为家。各亲其亲,各子其子,货力为己。大人世及以为礼，城郭沟池以为固。礼义以为纪，以正君臣，以笃父子，以睦兄弟，以和夫妇，以设制度，以立田里，以贤勇知，以功为己。故谋用是作，而兵由此起。禹、汤、文、武、成王、周公，由此其选也。此六君子者，未有不谨于礼者也。以著其义，以考其信，著有过，刑仁讲让，示民有常。如有不由此者，在势者去，众以为殃。是谓小康。""天下为家"成为人民心目中盼望的美好安定的生活。

人义。《礼记》："何谓人义？父慈、子孝、兄良、弟弟（即'悌'）、夫义、妇听、长惠、幼顺、君仁、臣忠，十者谓之人义。"

谦恭和顺。《礼记》："射有似乎君子，失诸正鹄，反求诸其身。君子之道，辟如行远，必自迩；辟如登高，必自卑。《诗》曰：妻子好合，如鼓瑟琴。兄弟既翕，和乐且耽。宜尔室家，乐尔妻帑。子曰：父母其顺矣乎！"

（五）《楚辞》祈语

《楚辞》是中国文学史上第一部浪漫主义诗歌总集和骚体类文章的总集。"楚辞"早已有之，但是结集而成，乃西汉刘向；东汉王逸对章句进行了解析。《楚辞》收战国楚人屈原、宋玉及汉代淮南小山、东方朔、王褒、刘向等人辞赋作品，共16篇。

其中，"九歌"原为传说中的一种远古歌曲的名称，是屈原据楚地祭神乐歌挖掘、整理、改作或加工而成。《九歌》每篇祭祀一位神灵：《东皇太一》祭祀天神，《云中君》祭祀云神，《湘君》祭祀湘水的男神，《湘夫人》祭祀湘水的女神，《大司命》和《少司命》祭祀主管寿命的神。《东君》祭祀太阳神，《河伯》祭祀男性河神，《山鬼》祭祀女性山神，《国殇》赞颂阵亡烈士，《礼魂》为送神歌舞，祭祀结束。

《九歌》很美。一是用女性的美去取悦神灵。如《东皇太一》写祭祀的女巫用华美的服饰诱惑神灵；《云中君》写女巫要沐浴兰汤，换上华丽的衣服以供神享；《少司命》《山鬼》中掌管生育、自然的女巫，穿着荷衣蕙带拜见神灵。《东君》中女巫则用婉转的歌声和挑逗的舞姿去迷惑神灵。二是用恋爱巫术控制神灵。《湘夫人》描写她得到了情人的爱情，非常满足，就把自己的褒衣抛入水中，这与《株林野史》中夏姬赠送情人内衣，是相同的文化含义。《大司命》中的神灵已经年迈，女巫便用折疏麻的勾魂术，并施以咒语，使其就范。因为供祭祀之用，故多有美语、祈语。

《东皇太一》："灵偃蹇兮姣服，芳菲菲兮满堂；五音纷兮繁会，君欣欣兮乐康。"太一在楚人中是东方最尊贵的天帝之神，故用华服

乐章让他享受。

《云中君》:"浴兰汤兮沐芳,华采衣兮若英;灵连蜷兮既留,烂昭昭兮未央;謇将憺兮寿宫,与日月兮齐光;龙驾兮帝服,聊翱游兮周章;灵皇皇兮既降,猋远举兮云中;览冀州兮有余,横四海兮焉穷。"此为祭云神的诗歌,多赞美崇敬之语。

《湘君》:"令沅湘兮无波,使江水兮安流;望夫君兮未来,吹参差兮谁思。"帝舜死于苍梧,葬于九嶷山。他的两个妃子帝尧的女儿娥皇、女英闻讯赶到湘江,投江而死,以死殉情。帝舜死后,天帝封其为湘水之神,号湘君,封二妃为湘水女神,号湘夫人。本篇是祭湘君的诗歌,这句描写了湘夫人对湘君的无尽思念。

《东君》:"青云衣兮白霓裳,举长矢兮射天狼;操余弧兮反沦降,

云中君和大司命图

援北斗兮酌桂浆;撰余辔兮高驰翔,杳冥冥兮以东行。"此为楚人祭祀太阳的颂歌。

《山鬼》:"若有人兮山之阿,被薜荔兮带女罗;既含睇兮又宜笑,子慕予兮善窈窕;乘赤豹兮从文狸,辛夷车兮结桂旗;被石兰兮带杜衡,折芬馨兮遗所思。"这是祭祀山鬼的祭歌,描写一位多情女山鬼的美貌与靓丽,为美化语。

《礼魂》:"成礼兮会鼓,传芭兮代舞;姱女倡兮容与;春兰兮秋菊,长无绝兮终古。"这是祭祀各神之后的送神曲,为祈愿语。

二、汉魏时期的吉祥语

（一）汉赋中的吉祥语言

汉赋是在汉代出现的一种有韵的散文，它的特点是散韵结合，从各个角度对事物进行铺叙。南北朝刘勰《文心雕龙·诠赋》："《诗》有六义，其二曰赋。赋者，铺也。铺采摛文，体物写志也。"可见汉赋是继承、放大、创新了《诗经》"赋"的特点，形成的一种华美的文体。

赋是汉代最流行的文体。在两汉 400 年间，一般文人多致力于这种文体的写作，因而盛极一时，后世往往把它看成是汉代文学的代表。

汉赋的内容，有的以渲染宫殿、城市为主，有的以描写帝王游猎为主，有的以叙述自己的旅行经历为主，还有的则是抒发自身的怀才不遇之情。另外，还有一类为小品，谈论禽兽草木。而以前两者为汉赋之代表。

汉赋多铺叙夸耀都城、宫殿、苑囿的盛景，极力描摹帝王大规模行猎场景的壮观，旨在歌功颂德，粉饰太平，表达大汉帝国的强盛、富有、奢华和那个时代人们的享乐心态。主要作品有司马相如的《子虚赋》，扬雄的《长杨赋》《羽猎赋》，班固的《两都赋》，张衡的《东京赋》《西京赋》等。这些作品富丽堂皇，气势宏伟，深得后人的赞扬。

宋玉《登徒子好色赋》："天下之佳人，莫若楚国；楚国之丽者，莫若臣里；臣里之美者，莫若臣东家之子。东家之子，增之一分则太长，减之一分则太短；著粉则太白，施朱则太赤。眉如翠羽，肌如白雪，腰如束素，齿如含贝。嫣然一笑，惑阳城，迷下蔡。"此为夸张铺叙女子美好的赞美语，成为历代美人的极致赞语。

曹植《洛神赋》："其形也，翩若惊鸿，婉若游龙。荣曜秋菊，华茂春松。仿佛兮若轻云之蔽月，飘摇兮若流风之回雪。远而望之，皎若太阳升朝霞；迫而察之，灼若芙蕖出渌波。秾纤得衷，修短合度。肩若削成，腰如约素。延颈秀项，皓质呈露。芳泽无加，铅华弗御。云髻峨峨，修眉联娟。丹唇外朗，皓齿内鲜。明眸善睐，靥辅承权。

瑰姿艳逸，仪静体闲。柔情绰态，媚于语言。奇服旷世，骨像应图。披罗衣之璀璨兮，珥瑶碧之华琚。戴金翠之首饰，缀明珠以耀躯。践远游之文履，曳雾绡之轻裾。微幽兰之芳蔼兮，步踟蹰于山隅。于是忽焉纵体，以遨以嬉。左倚采旄，右荫桂旗。攘皓腕于神浒兮，采湍濑之玄芝。余情悦其淑美兮，心振荡而不怡。"其中亦多为夸张铺叙赞美语，其中翩若惊鸿、明眸皓齿成为历代对美人的赞语。

洛神赋图

陶渊明《闲情赋》："夫何瑰逸之令姿，独旷世以秀群。表倾城之艳色，期有德于传闻。佩鸣玉以比洁，齐幽兰以争芬。淡柔情于俗内，负雅志于高云。悲晨曦之易夕，感人生之长勤；同一尽于百年，何欢寡而愁殷！褰朱帏而正坐，泛清瑟以自欣。送纤指之余好，攘皓袖之缤纷。瞬美目以流眄，含言笑而不分。曲调将半，景落西轩。悲商叩林，白云依山。仰睇天路，俯促鸣弦。神仪妩媚，举止详妍。"辞赋中舒展自如的语言描绘了理想中的田园生活和期盼之情。这些语言亦为吉祥语。

张衡《归田赋》："于是仲春令月，时和气清；原隰郁茂，百草滋荣。王雎鼓翼，鸧鹒哀鸣；交颈颉颃，关关嘤嘤。于焉逍遥，聊以娱情。尔乃龙吟方泽，虎啸山丘。仰飞纤缴，俯钓长流。触矢而毙，贪饵吞钩。落云间之逸禽，悬渊沉之鲨鰡。"描述美妙的田园自然景色的语言，也为心情美语。

（二）描写爱情的经典吉祥语言

司马相如是西汉著名的辞赋高手，早年家贫不得志，父母双亡，寄住在好友县令王吉家里。在这里，他遇到了当地大富豪卓王孙的女儿卓文君。卓文君当时仅十七岁，长得非常漂亮，更兼她善琴，文采非凡，又刚死了丈夫。司马相如倾心于她，以她为知己，奏了一首《凤求凰》。卓文君躲在帘后偷听后，遂生爱慕。但二人的爱情受到了卓王孙的强烈反对，两人只好私奔。后来卓文君建议，两人回到成都，在父亲的眼皮子底下当垆卖酒。其父为了面子，只好接纳了这对夫妻。

司马相如《凤求凰》：

凤兮凤兮归故乡，遨游四海求其凰。时未遇兮无所将，何悟今夕升斯堂！有艳淑女在闺房，室迩人遐毒我肠。何缘交颈为鸳鸯，胡颉颃兮共翱翔！凰兮凰兮从我栖，得托孳尾永为妃。交情通意心和谐，中夜相从知者谁？双翼俱起翻高飞，无感我思使余悲。

其中"凤求凰""交颈鸳鸯""比翼双飞"成为我国古代相亲相爱、美满爱情的经典吉祥语。

（三）汉魏乐府爱情颂歌与誓言

汉乐府采集了许多民间歌谣；至南北朝，南朝乐府民歌大部分保存在宋人郭茂倩所编《乐府诗集·清商曲辞》中，主要包括"吴歌"和"西曲"两大类。"吴歌"产生于六朝都城建业（今南京）及周围地区，"西曲"产生于江汉流域。有很多为民间爱情颂歌与誓言。如：

积石如玉，列松如翠。郎艳独绝，世无其二。(《白石郎曲》)

打杀长鸣鸡，弹去乌白鸟。愿得连暝不复曙，一年都一晓。(《读曲歌》)

华山畿，华山畿，君既为侬死，独生为谁施？欢若见怜时，棺木为侬开。(《华山畿》)

北朝民歌中也有这样的诗句：

谁家女子能行步，反著夹禅后裙露。天生男女共一处，愿得两个成翁妪！(《捉搦歌》)

腹中愁不乐，愿作郎马鞭。出入擐郎臂，蹀坐郎膝边。(《折杨柳歌辞》)

第三章 吉祥语言的发展

对完美女性的赞语，是民歌的精华语言，汉魏乐府民歌也不例外。

汉乐府民歌《陌上桑》写美丽的罗敷到城南采桑，遇见了一个太守。太守见其漂亮就派人上前调戏，意思是要罗敷和他一同回去。罗敷断然拒绝了这种无耻的要求，说自己已经是有夫之妇，丈夫容貌和事业都远远在太守之上，使得太守扫兴而去。诗中描写罗敷美貌的句子，成为历代吟咏的经典：

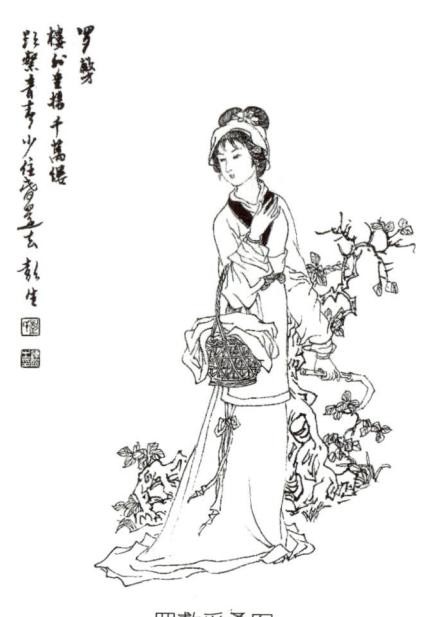

罗敷采桑图

日出东南隅，照我秦氏楼。秦氏有好女，自名为罗敷。
罗敷喜蚕桑，采桑城南隅。青丝为笼系，桂枝为笼钩。
头上倭堕髻，耳中明月珠。湘绮为下裙，紫绮为上襦。
行者见罗敷，下担捋髭须。少年见罗敷，脱帽著帩头。
耕者忘其犁，锄者忘其锄。来归相怨怒，但坐观罗敷。
使君从南来，五马立踟蹰。使君遣吏往，问是谁家姝？

《孔雀东南飞》中"蒲苇韧如丝，磐石无转移"，也成为古今爱情誓言的经典。《孔雀东南飞》最早见于徐陵编的《玉台新咏》，题为《古诗为焦仲卿妻作》，是叙事长诗。美丽能干的刘兰芝嫁给焦仲卿为妻，夫妻感情甚笃。可是婆婆见二人恩爱，心生妒忌，逼儿休妻。刘兰芝被休送回娘家，被太守看中，前来提亲，兄长逼迫她出嫁。成亲之日，刘兰芝投水而亡。焦仲卿闻讯自缢殉情。这句话是她在被迫与丈夫分别时，说的爱情誓言。

汉乐府《上邪》则是热恋中的情人对于爱情的誓言：

上邪！我欲与君相知，长命无绝衰。山无陵，江水为竭，冬雷震震，夏雨雪，天地合，乃敢与君绝！

这首诗写得很简单，却有令人惊心动魄的力量。诗中主人公连用了五种绝不可能出现的自然现象，表示自己矢志不渝的爱。

还有很多诗歌表现了对爱情单纯的、热烈的、天真而痴情的追求，表现了作者对人生幸福与快乐的渴望。

《古今乐录》是南朝智匠撰写的一部音乐专著，其中《华山畿》写一个少男在华山畿与一个少女一见钟情，最后双双为情而死的故事：

《华山畿》者，宋少帝时懊恼一曲，亦变曲也。少帝时，南徐一士子，从华山畿往云阳。见客舍有女子年十八九，悦之无因，遂感心疾。母问其故，具以启母。母为至华山寻访，见女具说闻感之因。脱蔽膝令母密置其席下卧之，当已。少日果差。忽举席见蔽膝而抱持，遂吞食而死。气欲绝，谓母曰："葬时车载，从华山度。"母从其意。比至女门，牛不肯前，打拍不动。女曰："且待须臾。"妆点沐浴，既而出。歌曰："华山畿，君既为侬死，独活为谁施？欢若见怜时，棺木为侬开。"棺应声开，女透入棺，家人叩打，无如之何，乃合葬，呼曰神女冢。

这则故事与"梁山伯与祝英台"颇为相似。

委婉婉转也是汉魏乐府民歌爱情语言表达的一个特色。一是大量运用双关隐语，如"莲"双关"怜"，"丝"双关"思"；以布匹的"匹"双关匹偶的"匹"。二是利用谐音字和一字多义。三是运用比喻、象征手法，婉转巧妙地表达了对爱情的忠诚、沉溺和眷恋，体现了江南女子的细腻精巧。其中很多词语成为后代恋爱诗歌、民歌讴歌

采莲图

美好爱情的委婉语言。这些描述美好的事物、真诚的感情的语言,都是吉祥语言。《江南》就是代表:

江南可采莲,莲叶何田田。鱼戏莲叶间。鱼戏莲叶东,鱼戏莲叶西。鱼戏莲叶南,鱼戏莲叶北。

三、隋唐时期的吉祥语

(一)唐人诗歌中的吉祥语言

唐人创作了大量的诗歌,将古代诗歌创作推向高峰。这些诗歌中有大量表现高远志趣的句子,展现了诗人的情志美,成为后代理想志向表述的名言警句。这些表现理想志向的句子,具有吉祥语言的特点。

李白的诗,多表现崇高气节和豪迈的理想志向:

天生我材必有用,千金散尽还复来。(李白《将进酒》)

长风破浪会有时,直挂云帆济沧海。(李白《行路难》)

仰天大笑出门去,我辈岂是蓬蒿人。(李白《南陵别儿童入京》)

大鹏一日同风起,扶摇直上九万里。假令风歇时下来,犹能簸却沧溟水。(李白《上李邕》)

俱怀逸兴壮思飞,欲上青天揽明月。(李白《宣州谢朓楼饯别校书叔云》)

愿君学长松,慎勿作桃李。(李白《赠韦侍御黄裳二首》)

安能摧眉折腰事权贵,使我不得开心颜。(李白《梦游天姥吟留别》)

杜甫等人的诗中,则多为励志与深含哲理之句,充满正能量:

读书破万卷,下笔如有神。(杜甫《奉赠韦左丞丈二十二韵》)

荡胸生层云,决眦入归鸟。会当凌绝顶,一览众山小。(杜

甫《望岳》）

安得广厦千万间，大庇天下寒士俱欢颜。（杜甫《茅屋为秋风所破歌》）

新松恨不高千尺，恶竹应须斩万竿。（杜甫《将赴成都草堂途中有作先寄严郑公五首》）

千淘万漉虽辛苦，吹尽狂沙始到金。（刘禹锡《浪淘沙》）

晴空一鹤排云上，便引诗情到碧霄。（刘禹锡《秋词》）

沉舟侧畔千帆过，病树前头万木春。（刘禹锡的《酬乐天扬州初逢席上见赠》）

欲穷千里目，更上一层楼。（王之涣《登鹳雀楼》）

黑发不知勤学早，白首方悔读书迟。（颜真卿《劝学》）

春风得意马蹄疾，一日看尽长安花。（孟郊《七言绝句》）

唐诗中还有很多描写情感的句子，歌颂了爱情和友谊，也成为历代名篇佳句。如：

莫愁前路无知己，天下谁人不识君。（高适《别董大二首》）

洛阳亲友如相问，一片冰心在玉壶。（王昌龄《芙蓉楼送辛渐》）

身无彩凤双飞翼，心有灵犀一点通。（李商隐《无题二首》）

去年今日此门中，人面桃花相映红。人面不知何处去，桃花依旧笑春风。（崔护《题都城南庄》）

春蚕到死丝方尽，蜡炬成灰泪始干。（李商隐《无题》）

东边日出西边雨，道是无晴却有晴。（刘禹锡《竹枝词二首》）

曾经沧海难为水，除却巫山不是云。（元稹《离思五首》）

上穷碧落下黄泉，两处茫茫皆不见。（白居易《长恨歌》）

从此无心爱良夜，任他明月下西楼。（李益《写情》）

在天愿作比翼鸟,在地愿为连理枝。(白居易《长恨歌》)

浮云游子意,落日故人情。(李白《送友人》)

桃花潭水深千尺,不及汪伦送我情。(李白《赠汪伦》)

我寄愁心与明月,随风直到夜郎西。(李白《闻王昌龄左迁》)

故人西辞黄鹤楼,烟花三月下扬州。(李白《黄鹤楼送孟浩然之广陵》)

海内存知己,天涯若比邻。(李白《送杜少府之任蜀州》)

劝君更尽一杯酒,西出阳关无故人。(李白《送元二使安西》)

唐诗中还有许多赞美祖国河山、自然景色的词语,也属于吉祥语言。如:

星垂平野阔,月涌大江流。(杜甫《旅夜书怀》)

无边落木萧萧下,不尽长江滚滚来。(杜甫《登高》)

孤帆远影碧空尽,唯见长江天际流。(李白《黄鹤楼送孟浩然之广陵》)

天门中断楚江开,碧水东流至此回。(李白《望天门山》)

山随平野尽,江入大荒流。(李白《渡荆门送别》)

君不见,黄河之水天上来,奔流到海不复回。(李白《将进酒》)

黄河落天走东海,万里写入胸怀间。(李白《赠裴十四》)

黄河远上白云间,一片孤城万仞山。(王之涣《凉州词》)

大漠孤烟直,长河落日圆。(王维《使至塞上》)

孤山寺北贾亭西,水面初平云脚低。几处早莺争暖树,谁家新燕啄春泥。乱花渐欲迷人眼,浅草才能没马蹄。最爱湖东行不足,绿杨阴里白沙堤。(白居易《钱塘湖春行》)

日出江花红胜火,春来江水绿如蓝。(白居易《忆江南》)

青山看不厌，流水趣何长。（钱起《陪考功王员外城东池亭宴》）

江作青罗带，山如碧玉簪。（韩愈《送桂州严大夫同用南字》）

江流天地外，山色有无中。（王维《汉江临泛》）

两岸青山相对出，孤帆一片日边来。（李白《望天门山》）

（二）唐传奇中的吉祥美语

唐传奇是在魏晋南北朝志异小说、民间俗讲说话、史传等基础上形成的一个新的小说体式。据说是为了科举考试获得名臣巨卿的举荐和好感，士人常在考试前将自己的诗文作品投献，叫作"温卷"。传奇也常被用于此。唐传奇的出现标志着中国古代小说的成熟。所以鲁迅《中国古代小说史略》说："小说亦如诗，至唐代而一变，虽尚不离于搜奇记逸，然叙述宛转，文辞华艳，与六朝之粗陈梗概者较，演进之迹甚明，而尤显者乃在是时则始有意为小说。"

传奇多言情，委婉动人，主要表现的是唐朝文人的志向、理想追求。

李朝威的传奇《柳毅传》，叙述了一个书生与龙女从相识、传书到恋爱结婚的故事，表现了爱情的吉祥如意。柳毅作为一名赶考的书生，豪侠刚烈，当他路过泾阳的时候，遇到了远嫁异地、被逼牧羊的洞庭龙女。龙女向他哭诉了自己所嫁非人，受尽虐待的悲惨遭遇。柳毅为之动容，决心见义勇为，毅然为之千里传书。当龙女的叔叔钱塘君将龙女救归洞庭、威令柳毅娶她时，柳毅昂然不屈，严词拒绝。柳毅赢得了各位龙王的敬佩，也在龙女心里留下了深刻印象，赢得了龙女的仰慕。后来柳毅的两任妻子皆死，这时龙女化身为平凡女子，不怕柳毅克妻之说，终于与柳毅成婚。龙女体现了温柔、多情和勇于追求自由爱情的坚定、执着。

李好古的传奇《张生煮海》，也表现了爱情的吉祥如意。潮州书生张羽在海岛上游玩，借住石佛寺，晚上弹琴散心，被溜出龙宫的公

主琼莲听到,琼莲芳心大动,一见钟情,两人私订终身,并约好中秋再会。到了约定时间,张生来到海边,却不见龙女踪迹。正在无可奈何之际,一位女神降临,交给张生一个锅,教他舀海水煮之。张生从之,几勺下锅,大海沸腾,鱼虾都被煮红了眼。于是龙王屈服,同意了这桩婚姻,才子佳人终成眷属。所以,《张生煮海》被作为年画、书画、故事,世代流传下来,成为美好爱情的标志。此外,人们也通过类似的故事,嘲弄龙王与它的虾兵蟹将,反映了人们对龙王的态度,也反映了龙王和人的关系,他们和人间并不是很谐和,这可能是因为他们经常以洪涝、干旱肆虐人间,不带给人间风调雨顺的缘故;同时也反映了人们想征服大江大海、战胜自然的美好愿望。

刘义庆辑的《刘阮入天台》,描绘的是爱情的仙境,更具有美妙的梦幻一般的情调。东汉永平间,剡人刘晨、阮肇入天台采药,迷了路,遂沿溪行,遇到两位仙女。二女姿容绝妙,相邀还家,殷勤款待,结为伉俪。住半年,二人思归,于是相互告别。至家却已历七世,物是人非。

四、宋元时期的吉祥语

宋朝的统一结束了五代十国的分裂局面,中央集权进一步加强,农业生产恢复,工商业繁荣,都市兴起。宋代重视商品经济,各民族文化相互交融,中外文化交流频繁,呈现出高度繁荣的局面。宋元文化是我国封建文化的高峰,如三大发明、宋词、元曲、世俗文学、史学、绘画等成就,都具有划时代的意义。北宋科学家沈括著《梦溪笔谈》,总结了我国古代特别是北宋时期的许多科技成就。天文学家郭守敬创制天文仪器,主持全国范围的天文观测,主持编定《授时历》。同样的,吉祥语言也得到了世俗化的发展。

(一)宋元世俗化与象征性吉祥语言

宋朝是中国古代唯一长期不实行抑商政策的王朝。宋朝大力发展矿业，组织茶盐开发。从土地中解放了大量农民，使其汇入商业、手工业的大军，城市迅速发展，经济突飞猛进，创造了我国历史上空前的财富与繁荣。

大批手工业者、商人、小业主经济富足，又开始了自己独立的价值追求。市民富裕闲暇的生活、审美趣味和生活情趣促成了宋朝文化的高度繁荣，戏曲、杂技、音乐、诗歌、小说等都在宋代繁荣发展。宋代开始大规模地城市化，中国首次出现了主要以商业为中心的大城市。宋朝还有发达的交通，每10里设一邮亭，每30里设一驿站，各地的官道四通八达。

新兴的市民阶层的诞生、富庶安逸的生活和多方面消费的需求，极大地刺激了茶坊酒市、娱乐业、演艺业及书坊的繁荣发展，瓦子、勾栏等娱乐场所比比皆是，每当演出百戏伎艺，观者如堵。与此同时，佛教、道教以及统治阶级的生活，也受到世俗化的影响。

其中的吉祥图案、吉祥语言的广泛使用，就是在语言方面世俗化的一个标志。

吉祥图案是人们创造的，向往、追求美好生活，寓意吉祥的图案。这些图案巧妙地运用各色人物、花鸟走兽、日月星辰、文字形象，通过借喻、比拟、双关、谐音、象征等手法，创造了图形与吉祥寓意完美结合的艺术形式，如蝙蝠表示福，鹤表示长寿，蟾蜍表示金钱，松柏表示健康等，并广泛应用在纺织品、建筑、装饰、器具等各个方面。

在汉代织锦上已经出现不少吉祥图案，有"万事如意"锦、"延年益寿大益子孙"锦等。此时传统吉祥图案中的福、禄、寿、喜图案逐渐开始成形。

福禄寿喜图

到宋元时期，吉祥图案不断受到来自道教、佛教以及民间的影响，题材也日益丰富多彩，被广泛应用于建筑彩画、陶瓷、刺绣、织物、漆器、玉器上。此时的吉祥图案进入了发展的高度普及期。大量的象征性吉祥语言产生并被用于民众生活中。如：

福：用蝙蝠或者佛手构图。

喜：用喜鹊构图。

贵：用桂花、桂圆构图。

百：用百合、柏树构图。

竹报平安：用竹和太平花，或者爆竹构图。

双喜临门：用"囍"字构图。

顺遂如意：用如意头构图。加上其他饰纹，可构成吉祥如意、事事如意、万事如意、四合如意、平安如意等吉祥图案。

百吉：也叫"盘长"。它无头无尾，无始无终，与其他饰纹构成百事吉祥如意、福寿延绵、子孙万代、富贵万代等图案。

(二)宋词中的美言美语

词初名曲、曲子、曲子词，简称"词"，又名乐府、近体乐府、乐章、琴趣，还被称作诗余、歌曲、长短句，是配合新兴乐曲而唱的歌词。从唐代开始，就有很多人开始写一些长短不一的歌词，用以咏唱。到了宋代，这种诗歌形式得到发扬，蔚为大观，在中国古代文学上光辉夺目，姹紫嫣红，千姿百态，与唐诗争奇，与元曲斗妍，与唐诗并称中国古代文学史上的"双绝"。

宋词为"艳科"，除了极少数豪放作品外，大多体现了"诗壮词媚"的特点，以抒情为主，抒发的多是男欢女爱、悲欢离合之情。

1.词牌名多为吉祥美语

三言的吉祥美语词牌名：一斛珠、一剪梅、十八香、丁香结、大圣乐、万年春、天仙子、凤来朝、凤求凰、凤御杯、凤凰间、双飞燕、太平令、五供养、丰年瑞、升平乐、丹凤吟、玉连环、玉堂春、占春魁、占梅芳、江南好、庆千秋、庆长春、庆同天、好时光、好观音、如意令、如鱼水、后庭花、寻瑶草、花心动、折桂令、折丹桂、寿南山、步步娇、步蟾宫、应景乐、杏花天、抛绣球、两同心、连理枝、沁园春、金明池、金欢带、金缕歌。

四言的吉祥美语词牌名：八节同欢、九重春色、凤栖梧桐、玉楼春令、汉宫春慢、江南春慢、灯月交辉、红情绿意、并蒂芙蓉、沉醉东风、迎春乐令、鱼游春水、鱼水同欢、洞庭春色、洞仙歌慢、金碧芙蓉、贺圣朝影、颂圣朝影、烛影摇红、唱调笑令、高山流水、海棠花令、晚云拱月、锦堂春慢、喜迁莺令、瑞鹤仙影、庭院深深、望花花令、福寿千春、换巢鸾凤、踏莎美人、暗香疏影、鹊桥仙令、宴春台慢、虞美人令、霓裳羽衣。

五言以上的吉祥美语词牌名：五福降中天、五彩结同心、玉树后庭花、东风吹酒面、东风第一枝、金人捧露盘、金菊对芙蓉、金盏倒垂帘、巫山一段云、弦曲献仙音、晴色入青山、梅子黄时雨、莺声绕红楼、瑶台聚八仙、黄鹤绕碧树、九重春色万年、凤凰台上忆吹箫。

2. 缠绵悱恻的情语

宋词多为娱情，有很多缠绵悱恻的情语，为表达爱情的深透之语，历代传颂。用这些语言表达爱情，深受人们喜欢，认为这样的爱情是吉祥的，这样的诗句是美好的。

柳永的《蝶恋花》中"衣带渐宽终不悔，为伊消得人憔悴"，成为思恋绵绵的千古情语。

秦观的《鹊桥仙》利用七夕牛郎织女相会的故事写出了两地分居、相见情浓无限的千古绝唱："纤云弄巧，飞星传恨，银汉迢迢暗度。金风玉露一相逢，便胜却人间无数。柔情似水，佳期如梦，忍顾鹊桥归路。两情若是久长时，又岂在朝朝暮暮。"

辛弃疾的《青玉案·元夕》，则写出了一见钟情的惊喜情态："众里寻他千百度，蓦然回首，那人却在，灯火阑珊处。"

苏轼的《江城子·乙卯正月二十日夜记梦》倾尽才情，写绝了古今思念的深切："十年生死两茫茫，不思量，自难忘。"

还有晏殊的《木兰花》："无情不似多情苦，一寸还成千万缕。天涯地角有穷时，只有相思无尽处。"欧阳修《生查子·元夕》："月上柳梢头，人约黄昏后。"温庭筠《更漏子》："知我意，感君怜，此情须问天。"张先的《千秋岁》："心似双丝网，中有千千结。"元好问《摸鱼儿·雁丘词》："问世间，情为何物，直教生死相许？"徐再思的《折桂令·春情》："身似浮云，心如飞絮，气若游丝。空一缕余香在此，盼千金游子何之。"这些均堪称古今情词之绝唱。

五、明清时期的吉祥语

明清时期，我国吉祥语言发展到了高峰，突出表现在剪纸、年画、对联、建筑雕刻、陶瓷、玉器、菜名、器物名、刺绣、印花、请安祝颂等生活交际的方方面面。

（一）吉祥图案

吉祥图案从宋元时期就在民间广泛流行，到了明清蔚为风尚。俗谓"图必有意，意必吉祥"。

明清的吉祥图案，除仍用于建筑、车舆及日用器物之外，还大量应用在织物以及衣帽鞋履等服饰上。

明清以来，除了以寓意、谐音的方式体现吉祥的图案，如牡丹比喻富贵、桃子比喻长寿、石榴象征多子、蝙蝠谐音福、鱼谐音富足有余之外，与宋代的吉祥图案相比，还常用多种动植物搭配，出现了大量的组合图案和表达组合的吉祥语言。如：

安居乐业：一只鹌鹑与九片落叶。

吉庆有余：鱼谐音"余"，戟磬谐音"吉庆"。

喜上眉梢：梅谐音"眉"，喜鹊代"喜"。

早生贵子：花生代"生"，加上枣、桂园、莲子。

连生贵子：用莲花或莲蓬，与童子一起构图。

忠孝仁义：由狗（不侍二主喻为忠）、羊羔（跪乳喻为孝）、鹿（性情温顺比作仁)、马（顺从主人谓之义）四种动物构图。

五谷丰登：在灯笼上绘五谷，或者用五谷、蜜蜂和灯笼纹构图。

万寿长春：万字作底，加一寿字，或者使用长春花构成图案。

五福捧寿：用五只蝙蝠围绕一个寿字构图，也叫"福寿双全"。

"八宝""八吉祥"：用佛教的宝瓶、宝盖、双鱼、莲花、右旋螺、吉祥结、尊胜幢、法轮构成图案。

"百福""百禄""百寿""百喜"图：用"福禄寿喜"四个字的各种书法或变体形式组成，100个字为一幅画。

八仙庆寿：用八仙铁拐李（李玄）、汉钟离（钟离权）、张果老（张果）、吕洞宾（吕岩）、何仙姑（何琼）、蓝采和（许坚）、韩湘子（韩湘）、曹国舅（曹景休）形象或者他们的法器构图。

君子之交：芝兰图案同用。

多子多福多寿：由石榴、桃、佛手组成，寓意多福（佛）多寿（桃）多子（石榴子多）。

万事如意：以"万年青""卍"字和"柿子""如意"组成。

团龙、坐龙、行龙、升龙、降龙、云龙：以龙为主体，配以各种饰纹，或者进行各种变形。

长寿万年：或者用一个长长的"寿"字，或者用松柏仙鹤，或者用太白金星老寿星的形象构图。

百年好合：用合欢夜合，或者用和合二仙，祝愿夫妇和谐。

多子多福：用籽粒繁多的石榴构图。

麻姑献寿：用麻姑与寿桃构图。

和合二仙图

平安：用宝瓶、瓷瓶、花瓶构图，与戟、如意、鲜花等构成四季平安、平安如意等吉祥图案。

梅竹双喜：用梅花、竹子、喜鹊构图。

一统山河、旭日东升、万世升平：斜纹和波纹组成海水，上立尖状山石，并用祥云点缀。

福、禄、寿三星：用寿星老人、鹿、蝙蝠、蟠桃构图。

富贵白头：用牡丹、白头翁构图。

夫妻和睦、福禄无穷：和合二圣一持荷花，一捧圆盒，盒内盛满珠宝，并飞出一串蝙蝠。

马上封侯：用蜜蜂、马、猴构图。

麒麟送子：童子手持莲花、如意，骑在麒麟上。

富贵平安：用牡丹、瓶构图。

鹤鹿同春：用鹤、鹿构图。

天上麒麟子，人间状元郎：戴冠童子手持如意骑龙上。

灵仙祝寿：用灵芝、仙鹤衔佛手、竹构图。

万年如意、年年有余：用卍带、鲇鱼、如意构图。

寿山福海：用如意云纹、平水杂宝、海水江崖构图。

四君子：用梅、兰、竹、菊构图。

江山万代：用江水、山石、卍字构图。

（二）吉祥语言

明清使用的主要吉祥语言类型，从内容上分，有以下几类：

1. 形容富贵的

白头富贵、长寿富贵、三阳开泰、福到了、福寿双全、福从天降、五福捧寿、福寿万代、长命富贵、福禄祯祥、状元及第、一品当朝、国色天香、福禄相连等。

2. 关于子嗣的

五子登科、喜生贵子、百岁团圆、观音送子、聪明伶俐、榴生百子、瓜瓞绵绵、宜男多子、子孙万代、麒麟送子等。

3. 关于夫妻的

青梅竹马、同偕到老、因和得偶、鸾凤呈祥、百年琴瑟、龙凤呈祥、和合如意、和合万年、并蒂同心、宜尔子孙、同心永结、举案齐眉等。

4. 关于寿康的

寿山福海、福寿康宁、福齐南山、麻姑献寿、长命富贵、松菊犹存、杞菊延年、富贵平安、群芳祝寿、群仙祝寿、满堂富贵、兰桂齐芳、安居乐业、子孙万代、天地长春、长生不老、富贵万代、富贵长春、八仙庆寿、三多九如、鹤寿延年等。

5. 关于喜庆的

吉庆有余、鸳鸯贵子、喜鹊登梅、喜鹊登枝、喜上眉梢、连中三元、连生贵子、五谷丰登、万象更新、六合同春、三阳开泰、蟾宫折桂、杏林春燕、一路连科等。

6. 关于顺利的

百事如意、事事如意、万事如意、百事大吉、四季如意、岁岁平安、八宝吉祥等。

（三）其他吉祥事象

清朝宫里有"万福、金安、万福金安、给皇阿玛请安、请额娘安"等问安吉祥礼仪。明清时期"请安"为问安礼节的一种，源于明代军礼，后衍化为日常礼节。在近代，"请安"意为"问安"。跪安是宫廷、五公府和宗室家庭的礼节，用于特定场合，有严格的规范和要求。

男子请安，先端正姿势，立正，然后向前迈左腿，左手扶膝，右手下垂，右腿半跪，眼平视；女子请安与男子同，只是左右腿的距离要近，动作幅度小，双手扶左膝，右手不下垂。

皇子、公主给皇后、皇贵妃等地位较高的人请安，妃子给皇后请安，说"给××请安"；太监宫女给公主、皇子请安说"吉祥"，给皇帝请安说"万福、金安、万福金安"。而官宦、富商之家，乃至白屋寒门都可以在问候语中用"万福金安"。

六、方言中的吉祥语

我国各地丰富的方言与吉祥语言的形成和使用关系极为密切。方言不仅是某一地区人们最重要的交际工具，而且也是一个地区各种吉祥民俗事象的载体。方言中的吉祥语多姿多彩，活泼生动，洋洋洒洒，蔚为大观。

（一）我国各地极其丰富的方言现象

目前，我国总人口14亿多，其中汉族人口占13亿多。我国地域广阔，各地汉族的方言之间存在很大的差异，大致上可以划分为七个方言区：

北方方言，使用人数约占汉语总人口的75%，以北京话为代表，是汉民族共同语的基础方言。

吴方言，主要通行于江苏省长江以南、镇江以东，南通小部分、上海及浙江大部分地区。使用人数占汉语总人口的7.5%左右，以上海话为代表。

湘方言，使用人数占汉语总人口的3%左右，以长沙话为代表，分布在湖南省大部分地区，又称湖南话。

赣方言，使用人数约占汉语总人口的3.3%，以南昌话为代表，又称赣语或江西话，通行于江西省大部分地区。

粤方言，使用人数约占汉语总人口的4.3%，以广州话为代表，通行于珠江三角洲广东中部、西南部和广西东部、南部及香港、澳门特别行政区，习惯上又称"粤语"或"广东话"，当地人称之为广府话、白话。东南亚、南北美洲等海外华侨和华裔中近90%的人来自粤方言区，所以国外"唐人街"中老年华人流行的汉语，多为粤方言。

闽方言，使用人数约占汉语总人口的5%，以福州话为代表，分布于福建省大部分地区和广东、海南部分地区及台湾汉人居住区，是内部分歧最大、最复杂的一大方言。

客家方言，使用人数约占汉语总人口的4%。以广东梅县话为代表，通行于广东、福建、广西、台湾、江西、湖南、四川等客家人居住区。历史上自东晋开始为避战乱，中原汉人进行了几次大规模的南迁。他们客居异乡，虽然在其他方言的包围之中，仍保持内部语言的一致性。在东南亚、新马泰、越南、菲律宾等来自客家的华侨华裔中，也仍使用客家方言作为交际用语。

每一种方言，除了语音方面的差异外，还表现在众多的土语里。不同地域的人，由于历史文化、地理环境、生活习惯、劳动方式等的不同，产生了许多特有的土语词汇，成了各具特色的吉祥方言。

（二）方言中的吉祥说法

1. 吉祥礼仪

万福是妇女相见时的一种礼节，即双手叠放于腹部偏左侧，双膝微曲，口中称"万福"。

万安是指给对方的允诺，请放心，请一百个放心的意思。

2. 吉祥地名

北京有许多胡同是用吉祥语言命名的，如喜鹊胡同、喜庆胡同、福盛胡同、寿长胡同、福顺胡同、寿逾百胡同、平安胡同、安福胡同、吉市口胡同、永祥胡同等。

八达岭，《长安客话》中解释说路从此分，四通八达，为居庸关的外口，取名为"八达"，是交通四通八达的意思。

赵公口，因财神赵公明而得名。自元在北京建都以来，此地是由南进京的道路所在，原有一座财神殿，供奉财神之位。南方求官朝贡、输送银粮、商人赴京都要先在此地暂住整顿，然后才进京，故以"赵公"名之。

保福寺，退了休的太监在此集资修建此寺，取福寿之意。

天桥，原位于天坛西北，是皇上去天坛祭天的必经之桥，意为通天之桥，故称"天桥"。

象来街,明清两朝,东南亚一些国家曾带大象来华,进贡皇帝,以示友好。因将大象视为太平吉祥的象征,寓万象更新之意,故名饲养大象的街道为"象来街"。

3. 赞美之词

各地方言中均有大量的赞誉之词,如四川话中:巴适——好看或美,醒火——清楚明白,正南齐北——真实。

第四章　吉祥语言的类型

吉祥语言包含在很多语言类型中，经常使用于民众的各种交际场合。如文明礼貌语言、吉利话、誓语、寿福禄语、诫勉语、祈语、问候语、祝贺语、颂词、口彩语、谐音语、委婉语等，都与民众的生产生活密不可分，都是人们耳熟能详的语言。

一、问候语

问候语又叫见面语、招呼语，包括书信问候、电话问候、电子邮件问候、贺年片问候，以及现在大量出现的短信、微信问候，都是礼貌语言中具有吉祥色彩的话，表示自己对别人的思念、尊重和祝福。

（一）日常问候语

"您好""早上好"，用于见面时的问候，表示尊重和热情。

"吃饭了吗""喝汤了吗"负载了旧时候我国民众对于吃饭问题的重视和能否吃饱饭的关注。

以前都是通过交谈、书信进行问候，现在多通过短信、微信问候。下面是一些代表性的短信、微信问候语：

　　睁开眼睛，给你一个轻轻的祝福，愿它每分每秒都带给你健康、好运和幸福。希望你度过美好的一天！

　　早晨收到祝福会欢愉一天，春天收到祝福会欢愉一年；现在又是早上又是春天，我把祝福给你，幸福你每一秒。

　　准时向你播报天气预报：明天你将遇到金钱雨、幸福风、友情雾、恋爱露、安康云、顺利霜、平安雹、高兴闪。

　　每一个早晨都是一个祝福，祝福孩童也祝福老人，祝福所有的迎来旭日东升的人。

美丽的早晨，灿烂的你，美好的生活在等你！美丽的天气，美好的你，美好的情意滋润你！清新的空气，清晰的你，愉快的心情陪伴你！愿你快乐每一天！

周六周六，万事顺溜，顺风顺水乐悠悠。风吹忧愁走，水送财运留，家圆业兴争上游，更上一层楼。闲暇会好友，意浓情更厚。祝身康心怡，周六快乐！

（二）季节、节庆问候语

"过年好""教师节快乐"是节庆常用的问候。而书信还有专门的一套问候语，后文有专门说明。

以下是短信、微信常用的季节、节庆问候语：

天冷了，大树发抖了，小草打冷战了，老牛烧炭取暖了，小白兔穿羽绒了，天冷注意加衣。

也许一毛钱买不到幽香的玫瑰，但是一毛钱可以传达祝福：天冷了，保重身体。

愿一个问候带给你一个新的心情，愿一个祝福带给你一个新的起点。

吉祥富贵，连年有余，花开似锦，金玉满堂，福禄寿喜，锦上添花，四季平安！

愿你的春节充满温馨、祥和，与亲人团聚的快乐，祝春节乐陶陶，新年乐无限。

千祥云集庆有余，百福骈臻贺新春！青山依旧在，祝福年年有！朋友，新的一年锦上添花！

酒越久越醇，朋友相交越久越真；水越流越清，世间沧桑越流越淡。祝新年快乐，时时好心情！

老师是一声光荣的称谓，教师是一个高尚的职业，其实，你可想过没有那些老师的引导，我们会迷失在哪？所以，在教师节，我要告诉老师：谢谢您！

祝愿国庆节7天，天天快快乐乐168小时，时时开开心心10080分，分分甜甜蜜蜜604800秒，秒秒精彩纷呈！

一表人才、一鸣惊人、一呼百应、一举两得、一马平川、一鼓作气、一锤定音、一本万利、一帆风顺、一飞冲天。十一快乐！

（三）爱情问候语

出于民族思维与情感表达的特点，民众一般是用书面语言表达这些爱情问候语。如：

秋风瑟瑟传真情，亲爱的，天已转凉，注意身体，天冷加衣，勿使感冒来侵袭。

白天有你就有梦，夜晚有梦就有你。你要好好照顾你自己，不要感冒流鼻涕；要是偶尔打喷嚏，那就代表我想你！

又是一年月圆夜，月下为你许三愿：一愿美梦好似月儿圆，二愿日子更比月饼甜，三愿美貌犹如月中仙。

想你，是一种忧伤的美丽的甜蜜的惆怅。心里面，却是一股什么也代替不了的温馨，美丽的节日里，我更想你！

（四）旧时问候语

1. 书信问候语

家书抵万金，过去书信是亲友之间问候表达关爱的重要工具。

（1）开头的启禀语。例如阁下、钧鉴、台鉴、座右等。

（2）结尾的启禀语。例如用于尊长：叩、叩上、叩禀、谨禀、敬禀、拜上、百拜、再拜；用于平辈：谨启、手肃、上言、上书、鞠躬、鞠启、脱帽、致上、顿首、谨肃、谨复、敬启、亲笔、谨献（送礼信用）；用于晚辈：示、字、白、谕、手白、手谕；用于庆贺：叩贺、拜贺、敬贺、恭贺、谨贺、仝（同）贺、序贺（几代同贺）。

（3）信尾的祝颂语。信尾的祝颂语特别丰富，给亲属(长辈)的问候语有：金安、钧安、颐安等；弟子写给授业老师的问候语有：教安、铎安等；写给友人信件的问候语有：日安、时安、近安、福安、大安、金安、时礼、近祺等。

（4）书信中的问候语，还可因写信的季节不同，选用相应的祝愿词。春季用春安、春祺，夏季用夏安、暑安，秋季用秋安、秋祺，冬季用冬安或炉安。

祝愿康吉的书信问候语，还用"时绥""时祉"（"绥"，义为平安；"祉"，义为幸福）等。

（5）过去的书信中还有成套的祝福语。例如：

春寒料峭，善自珍重。阳春三月，燕语雕梁，想必心旷神怡。

当此春风送暖之际，料想身心均健，春日融融，可曾乘兴驾游？

春光明媚，想必合家安康。时欲入夏，愿自珍重。

赤日炎炎，万请珍重。渐入严寒，伏福躬无恙。

入秋顿凉，幸自摄卫。汗暑无常，伏惟珍重自爱。

2. 吃了吗

中国人见面最常用的问候语就是"吃了吗""吃过了吗""吃罢了吗"，答话则为"吃过了""吃了""没呢"。

进入农耕时代，由于生产力的进步，人们的生活环境大有改善，但另一方面，人口也越来越多，而生产力水平仍然有限，农耕技术落后，人们生产出来的粮食、副食品往往不能维持基本的温饱，因此，"吃饭"就成了重大的社会问题。

过去，除了富人家庭吃三顿，普通人家每天一般吃两顿饭。贫困家庭甚至吃了上顿没下顿。所以，温饱问题是家庭和社会最基本的问题。人们的所有努力、所有劳动，付出的所有代价，都是为了能吃上饭。因此，"吃了吗"就是生活的愿望，就是最吉祥的话语。人们见面寒暄时，往往要问对方"吃了吗"。

在山东、河南、安徽的许多地区，百姓傍晚时见面不是问"吃了吗"，而是直接问"喝了吗""喝汤了吗"。"喝汤"就是"吃晚饭"——因为晚上不用干活，所以就不能吃馒头、吃干饭了，只需喝点稀饭应付肚子。馒头、玉米饼子、高粱饼子、窝窝头这些干饭,只能留在白天干体力活时吃。

二、祝贺用语

(一)寿诞祝贺语

旧时由于生活条件、医疗水平低下以及兵连祸结,民间的人们十至四十岁,惯称"过生日",甚至不能过生日,否则"促寿",就是减少自己的寿命。五十岁及以上才称"做寿"。不逢十的称为散生日,一般吃面条(面条长,取长寿之意),吃水饺,置点酒菜,比平时吃得稍微好一些就算是过了生日。逢五十、六十、七十、八十、九十,则要隆重一些,儿女都来,亲朋好友也要来贺寿,要穿新衣、吃寿面、办家宴。大户人家还要置办寿幛、寿衣、糖碗、寿烛、带寿字的糕点、面蒸寿桃,摆寿筵等。

富贵人家一般五十到七十岁为大寿,八十岁为上寿,九十岁为老寿,百岁为期颐,需要隆重庆祝。亲朋好友送来贺礼,并搬演一至三天大戏,一面喝酒一面看戏,戏的内容以富贵长寿为主。

逢十大寿一般提前一年过,叫"庆九(谐音久)不庆十""做九不做十"。

1. 通用贺寿语

贺寿语多为富贵、长寿、健康、快乐的吉祥语,并且经常使用梅、竹、青松、松柏、鹤等长青永龄的动植物组词:

人寿年丰　乃福乃寿　长寿百岁　老当益壮

鹤鹿同春祝寿图

老骥伏枥　欢度晚年　如竹如梅　寿翁德大
良师益友　青松不老　松柏常青　松鹤延年
家和人乐　知足常乐　寿比南山　福如东海
福休长泰　莱彩承欢　康乐宜年

2. 男寿贺寿语

祝贺男寿，除了长寿、健康、快乐的意思之外，又增加了一些颂扬品行之语：

德高望重　高风亮节　大椿不老　天保九如
天赐遐龄　日永椿庭　古柏长春　甲第增辉
共颂期颐　多福多寿　鸠杖熙春　寿并河山
寿如日升　寿富康宁　寿人寿世　寿征大德
寿考维祺　松鹤延龄　松柏同春　鹤算筹添
箕畴五福　仁者有寿　贵寿无极

3. 女寿贺寿语

祝贺女寿，多以赞颂慈爱、祝愿寿康为主题：

天姥峰高　花灿金萱　欢腾萱室　寿田宜家
寿征坤德　寿添萱禄　寿同金石　金萱不老
图呈王母　国光人瑞　宝婺星辉　春满北堂
慈云荫浓　慈竹生辉　慈竹长青　慈竹恒春
瑶池益算　蟠桃献寿　懿德延年　蓬岛春蔼

4. 贺寿对联

寿联是我国旧时寿诞文化中最具文学性的一种民间艺术形式。它使用传统的对联形式，直接表达庆寿祝福的感情，增添了热闹的祝寿氛围。

四字句的简洁明快：

喜迎新岁，欢度晚年。

德为世重，寿以人尊。

福如东海，寿比南山。

河山并寿，日月双辉。

五字句的讲究平仄对仗，节奏感强：

龙年贺祖龙，寿比泰山松。

李桃枝叶茂，诗坛不老翁。

六字句的节奏感强：

福临寿星门第，喜到劳动人家。

紫气辉连南极，丹光彩映中华。

七字句的最为常见，节奏舒展，内容细致，情感充沛，对仗工整，节奏和谐。从内容上来讲，七字寿联可以展开描写，可以罗列长寿的事物和美词：

山清水秀春常在，人寿年丰福无边。

长寿幸逢好社会，高龄全靠新中华。

百花齐献南山寿，四化同歌盛世春。

龙门泉石香山月，蓬岛烟霞阆苑春。

红梅绿竹称嘉友，翠柏苍松耐岁寒。

青松增寿年年寿，丹桂飘香户户香。

室有芝兰春自韵，人如松柏岁长新。

革命老人人人敬，良辰美景景景新。

福如东海长流水，寿比南山不老松。

椿萱并茂交柯树，日月同辉瑶岛春。

八字句及其以上的更有具体的描述性，内容丰富，表达层次性强，节奏抑扬顿挫：

子敬孙贤福如东海，体强身健寿比南山。

人寿年丰生活似糖似蜜，风和日丽风光如画如诗。

老寿星长寿长寿再长寿，众同志祝福祝福还祝福。

胜友如云同颂党恩深重，寿筵从简不忘国事兴隆。

月值小春看岭上梅花初放，星悬宝婺祝堂前萱草长荣。

乐享高龄寿比南山松不老，生逢盛世福如东海水长流。

人民幸福多福如东海长流水，社会主义好寿比南山不老松。

瑞气满乡村人与青山同不老，暖风吹大地心随绿野共丰收。

5. 贺寿短信

进入21世纪，由于工作、异地等原因，很多亲友无法到现场祝寿，于是利用手机，通过视频、邮件、微信，表达祝贺、敬颂之情：

今天是老母亲八十大寿，母亲的养育之恩，儿没齿不忘，值此母亲寿辰，敬祝您健康如意，福乐绵绵。

向外婆拜寿，祝您延年益寿，欢度晚年。

祈望您心灵深处，芳草常绿，青春常驻，笑口常开。

欢乐就是健康，幸福就是长寿，祝您福禄寿三星高照。

君颂南山是说南山春不老，我倾北海希如北海量尤深。

介寿值良辰春满蓬壶延暑景，引年征盛典筹添海屋祝长龄。

请谱南山筵开西序，樽倾北海彩绚东阶。

八十岁葆素全真自是申公迎驷马，五千言修身炼性须看老子跨青牛。

苍龙日暮还行雨，老树春深更著花。

恭祝你生日与天齐，庆贺你生辰快乐；年年都有今日，岁岁都有今朝！

八月桂花香，母亲大寿时。古稀之年身体健，劳作不辍精气足。宽容仁爱邻里赞，善良节俭美德传。亲朋好友齐祝愿：健康快乐，寿比南山！

恭祝福禄与天齐，儿孙孝顺身边围；荣华富贵卧福地，人寿年康全家安。

（二）乔迁祝贺语

乔迁之喜，即喜迁新居。《诗经》中说"伐木丁丁，鸟鸣嘤嘤。出自幽谷，迁于乔木。"意思是鸟儿飞离深谷，迁到高大的树木上去。

后人用"乔迁"一词来贺人迁居或贺人官职升迁。

以下选取的就是常用的乔迁贺喜贺词：

门庭多喜气，家室驻早春。

新春迎新气，福地启福门。

风和新居暖，日丽甲第安。

新居迎万福，仁宅集千祥。

上林春色早，乔木知音多。

仁风春日照，德泽福星明。

栋宇连云子孙愿，华堂耀日父母心。

春风堂上新来燕，香雨庭前初种花。

门前绿水声声笑，屋后青山步步春。

神光高照信徒宅，灵火常临圣人家。

新屋落成欣主赐，高堂筑就乐神恩。

（三）结婚祝福语

结婚祝福语是指在结婚时对新人祝福的话语，多为对结婚双方的祝福和祈愿。结婚是人生大事，也是家族家庭大事，仪式隆重，所用吉祥语言的场合也特别多。

1. 贺婚题词

贺婚题词是对新婚夫妇表示祝贺、希望的简单短语句。可写在贺婚礼物上，亦可另写在彩带、卡片、名片或纸张上。

旧时有一种贺词叫喜幛，也叫贺幛、龙条。用 8 尺长整幅的鲜艳色彩布帛为之，中间贴上用红方纸写的吉庆之语，上款写称谓，后面落款贺喜人。如新郎舅父的喜幛：

姻眷兄 ××× 之令郎花烛志喜

天 作 之 合

姻弟 ××× 贺

贺婚题词有四字单句贺词，简洁明了，祝福祝愿之情表达直接，既有雅正的古语，也有通俗的白话：

恭贺新婚	婚礼吉祥	新婚大禧	结婚嘉庆	新婚快乐
龙凤呈祥	喜结伉俪	吉日良辰	幸福美满	白头偕老
美满姻缘	共同进步	志同道合	月圆花好	并肩前进
心心相印	互助互爱	携手前进	互相帮助	互敬互爱
珠联璧合	红心向党	共结良缘	永结同心	革命伴侣
三星在户	才子佳人	天缘巧合	天赐良缘	五世其昌
凤凰于飞	龙腾凤翔	玉树琼枝	乐赋唱随	百年好合
有情眷属	团结友爱	如鼓琴瑟	连理交枝	佳偶天成
相敬如宾	带结同心	珠联璧合	莺歌燕舞	爱河永浴
鸳鸯比翼	乾坤定奏	笙磬同音	情深似海	情真意切
鸾凤和鸣	喜成连理	燕尔新婚	恭贺秦晋	贺继朱陈
联姻嘉庆	结亲兼福			

贺婚题词最常见的是对联式贺词。它使用传统的对联形式，雅正古朴，端庄郑重，祝愿之情、殷切之意，尽在其中。

红莲开并蒂，彩凤喜双飞。

并蒂花最美，同心情更长。

同心兴大业，携手共奋斗。

结成终身伴侣，建立美满家庭。

四季娇花长好，百年皓月永圆。

并蒂花开四季，比翼鸟伴百年。

向阳红花争艳，比翼俊鸟齐飞。

喜共花容月色，何分秋夜春宵。

佳偶百年好合，知音千里相逢。

良日良辰成良偶，佳男佳女结佳缘。

一朝喜结千年侣，百岁不移半寸心。

天高地厚情常在，石烂海枯心永连。

春花吐艳光花烛，翠柳凝香上柳眉。

蜜月虽从今日始，情心却在百年间。

情投意合结伴侣,心随志融配鸳鸯。
订百年学习伴侣,结一双恩爱夫妻。

以上这些对联,使用古语今语,表达祝贺、祝愿的意思,祝愿新人婚后生活甜蜜,工作事业、家庭生活都顺利美好,夫妻恩爱,幸福如意。

以下是八字以上的婚联,对婚后美好生活展开描绘,对新婚贺喜之情展开抒写,情景交融,舒展自如:

男欢女爱鸳鸯戏水,情投意合鸾凤朝阳。
好鸟双栖嘉鱼比目,仙葩并蒂瑞木交枝。
男欢女爱山盟海誓,璧合珠联地久天长。
婚联两姓结百年佳偶,志在九州创一代新业。
结一世姻缘山盟海誓,祝百年伉俪地久天长。
交颈鸳鸯并蒂花下立,协翅紫燕连理枝头飞。

贺婚题词中,更为文雅的是诗歌贺词。以下这些祝贺的诗歌,不但表达了祝贺之情,还用一些隐喻的手法,对婚后美满生活进行了具体形象的描绘,内容丰富多彩,具有浓厚的传统文化韵味:

云锦层层五彩鲜,千里姻缘一线牵。
春暖花间交颈鸟,罗帏帐里佳偶连。

吉日于归灿锦娘,琴瑟和谐满庭芳。
彩线结心缘凤缔,河山掩映玳瑁光。

佳期正值小阳春,风暖华堂拥玉人。
应是三生缘夙定,漫教相敬竟如宾。

福慧前修得妇贤,好将良玉种蓝田。
桃源路接天台路,缔得今生美满缘。

燕尔新婚正妙年，亲朋争说好姻缘。

珠联璧合情如蜜，海誓山盟石比坚。

妯娌融和娴姆训，姑嫜侍奉见心虔。

无边哲理曾研透，再习人伦第一篇。

2. 现代短信贺词

现代短信贺词一般简洁明快，既可以使用古语，也可以使用白话；既可以引用一些爱情歌词，也可以自己编写；既可以写得端庄正规，也可以写得俏皮幽默：

百年好合，白头到老！

永结同心，新婚愉快！

甜甜蜜蜜，爱河永浴！

两情相悦，真心相爱！

相爱年年岁岁，相知岁岁年年！

千禧年结千年缘，百年身伴百年眠。天生才子佳人配，只羡鸳鸯不羡仙。

但愿天从人愿，幸福与爱情无边！

愿你俩婚礼之日分享的喜悦，将伴随你俩共度人生的岁月。

昨天是回忆，今天是幸福，永远是爱情。

希望你幸福地上缴工资，爽快地交出存折密码，藏好初恋的情书，迎接一个全新的生活！

一生中只有一次美梦实现的奇迹，你俩的整个世界顿时变得绚丽新奇。祝永远幸福！

3. 贺婚歌谣

旧时婚礼都由迎亲婆、全福人或者贺喜的宾客，甚至乞讨的乞丐，说唱一些新婚贺词。现在有的地方还有由年龄大的女性说上三言两语的贺婚巧话的习俗。

在少数民族地区的婚礼仪式上，会念唱大量的贺婚歌谣。如广西一带的贺喜歌谣，以赞美为主调，以祝愿为目的，层层展开，步步推进，将祝愿的各项内容，全部涵盖：

> 手捧甜茶讲四句，新娘好命荫丈夫；
> 奉敬家官有上取，田园建置千万区。
> 甜茶相请真尊敬，郎才女貌天生成；
> 夫家和好财子盛，恭贺富贵万年兴。
> 新娘生靓看现现，夫妻一对好姻缘；
> 食茶恭贺四句联，丁财福寿万万年。
> 新娘美貌似天仙，天地注定好姻缘；
> 在家父母好教练，应敬老人教少年。
> 新娘新郎入洞房，今日鱼水得相逢；
> 明年天上送贵子，富贵长寿福满堂。
> 新郎英俊像小生，新娘真美似花旦；
> 今年来请食甜茶，明年抱孝生相看。

4. 贺婚常用美词

不论贺诗贺词，也不论古今雅俗，贺婚常用的吉祥语言，基本可以从内容和主题上归纳为以下五类：

（1）百年类：爱情永固、白首成约、白头偕老、百年好合、百年琴瑟、百年偕老等。

（2）姻缘类：才子佳人、赤绳系足、缔结良缘、佳偶天成、郎才女貌、盟结良缘、乾坤定奏、诗题红叶、诗咏关雎、诗咏好逑、天地配合、天生一对、天缘巧合、天作之合、文定吉祥、许定终身、有情成眷、玉树琼枝、缘定三生、终身之盟、螽斯衍庆、珠联璧合等。

（3）成家类：成家之始、成双成业、万年富贵、五世其昌等。

（4）婚后生活二人世界类：闺房和乐、海燕双栖、和乐鱼水、鸿案相庄、花好月圆、凤凰于飞、凤翥龙翔、夫唱妇随、福禄鸳鸯、花开并蒂、花开富贵、交颈鸳鸯、兰菊庭芳、乐赋唱随、连理交枝、良缘夙缔、两情相悦、龙腾凤翔、鸾凤和鸣、美满家庭、美满良缘、乾

第四章 吉祥语言的类型

坤和乐、琴耽瑟好、琴瑟和鸣、琴瑟友之、琴瑟在御、情投意合、如鼓琴瑟、笙磬同音、甜蜜佳缘、同德同心、同心和好、相敬如宾、相亲相爱、心心相印、燕尔新婚、燕侣双俦、宜室宜家、永结同心、永浴爱河、于飞之乐、鱼水相谐、鸳鸯比翼、鸳鸯璧合等。

（5）生子类：瓜瓞延绵、早生贵子、儿女双全、香火绵绵等。

三、禳解语

（一）禳解风俗

禳解是指向神灵祈求解除灾祸，祷神除殃，也叫解禳。如明汤显祖《还魂记·诘病》："便要禳解，不用师巫。"明高濂《玉簪记·耽思》："舍侄潘楷，偶因下第，寄住在此，忽染病症，特请先生课算禳解。"《儒林外史》第五十四回："莫不是你伤着什么神道？替你请个尼僧来禳解禳解罢。"

旧时人们为了躲避厄运或躲避失败，会运用各种方法来削弱或抵消凶祸的侵害，以此达到消灾解厄的目的。一般的迷信做法如请巫婆神汉、和尚道士主持仪式，用经、咒、符箓等去解除灾祸。

禳解在民间叫破解，人们习惯于在民居建筑、穿着饰品、工艺美术、道路交通、红白喜事等民俗事象中做一些解除灾祸的行为。如旧时婴幼儿戴银制手环、脚环和铜纽扣，童年改戴玉葫芦和顺治钱，成年以后则根据各人的喜好戴上耳环、戒指、项链和玉镯子等。俗信金、银、玉的制品有保护灵魂守窍、使鬼祟不敢侵扰的作用，戴上它们自然可保平安，逢凶化吉。在村中较险要的地方或交叉路口，常常要立一块竖直的小石碑，上面刻上"泰山石敢当"五个字或者八卦图案，意在抵挡邪煞，保护乡人和过路人平安。

泰山石敢当

民间还十分迷信房屋的风水、格局，最忌房门直冲河流、水井、大路、小巷，如果因为诸多方面的限制而无法避开这些禁忌，人们就会设法破解之，如在门上悬挂八卦或铜镜以"反射"邪祟或不吉的影响，避凶趋吉；或用屋脊上的镇妖动物塑像、瓷器以禳解。遇到建房、做灶、开井、铺楼等事，亦常于

燃放爆竹图

显眼之处悬挂大旗以避邪祟，祈求工程进展顺利。燃放爆竹也有祛除邪煞之意。

（二）符箓与咒语

道教是民间迷信风俗中解禳的主力军。伴随着解禳的过程，师公、道公们往往会使用很多赞颂神灵、祈愿驱恶的语言，叫作符箓、辟邪咒语。

符箓、辟邪咒语来源于道教。道教在进行祈福谢恩、祛病延寿、祝国迎祥、祈晴祷雨、解厄禳灾、祝寿庆贺等迷信活动时，都要伴随着大量的咒语。就破解自然灾害而言，有禳火、禳星、禳年（流年不利）、禳风灾、禳旱灾、禳日蚀、禳地震等；就社会生活而言，有禳官事（诉讼）、禳时疫、禳盗贼、禳虚耗（财物损耗）等。即使在日常生活中遇到做噩梦、路见伏尸、禽兽入室、鸦啼当头等不祥之兆，也皆有专门禳解之法。凡禳解，均用避凶就吉语言，多为赞颂神灵、祈求法术显灵、消灾如愿之语，不赘述。

四、祈祷语

祈祷是指在迷信活动中，与神交流时向神祝告求福，一般要伴随着一些祭祀仪式；信仰宗教的人则向神默告自己的愿望，祈求免祸降福。

民间最为常用的为祈雨祈祷。汉族求雨,多拜龙王,拜祭不成时,便要施巫术,逼迫龙王下雨。如抬龙王游街,曝晒龙王,把井水掏干,甚至将猫的骨头(代表着虎骨)扔进干枯的池塘让它们"龙虎斗",等等。一般要请道公举行这些仪式,念唱《致雨咒》《祈雨咒》等吉祥语言,祈求如愿,不赘述。

五、吉祥谚语

谚语就是老人话、古人语,是民众对自身、自然、社会等方方面面的认识和规律的总结,具有一定的吉祥含义,故将其列入吉祥语。

(一)谚语的吉祥观念

我国谚语全面、深刻地反映了鲜明的地域特色文化,承载着民众的思想成果和民间相沿的遗训,反映了鲜明的社会风俗和悠久的农业耕作文化,展现了各地深厚的历史文化传统和复杂的历史进程。各地流行的谚语可以分为乡土谚、农谚、气象谚、生活谚等多种类型,它们是各地人民在生产建设、物质生活和精神生活中的宝贵经验总结和智慧结晶。各地流行的乡土谚语记载了不少民俗风尚和吉祥语言。

1. 谚语反映了我国民众鲜活的风尚

有些谚语反映特有的风尚和文化,形成了独有的风范。其中强化品德教育的谚语很多。如广西一带:"宁愿死大海,不愿死水沟""见草疼到牛,见饭疼到仔""穷要穷得硬";客家人则恪守客家人"宁卖祖宗田,不卖祖宗言"的祖训,把不讲客家话当成忘祖叛本的行为,客家方言于是得以保留下来。

在全国各地,"人要脸,树要皮"一语,反映了我国民众知礼仪、重礼仪的风尚;"种田纳粮,天经地义""打架望拉,告状望留",反映了我国民众朴实善良,无告讦之风。

与此同时,谚语中收敛、自敛、内敛的特点特别突出。有很多谚语告诉人们要忍,忍者为安:"胳膊拧不过大腿""鸡蛋碰不过石头";告诉人们不要骄傲:"人外有人""河里淹死会水的""巧舌头转不出腮帮子";更不要不可一世:"一物降一物,卤水点豆腐""恶人自有恶人磨"。自我劝解、自我心理平衡的谚语也特别多:"过刚必折""不打官司不受穷""屈死不告状,饿死不做贼""哪个庙里也有屈死的鬼"。

"砍头不过碗大的疤",反映了我国民众的刚勇、豪迈、侠义、"好汉"性格鲜明。

"不忠不孝,猪狗不如""忠孝双全""一言既出,驷马难追""人说话算数""吐口唾沫砸个坑",反映了我国民众忠孝信义、爱国爱民、孝敬父母、讲义气、守信用、堂堂正正做人的品质。

"丈夫力耕作,妇女勤纺织",反映了我国民众务实肯干、勤勤恳恳、吃苦耐劳的美德。"酒要满""感情深,一口闷",反映了中国深厚的酒文化传统。与酒有关的谚语有很多,是我国民众待人接物情深意切、诚恳真挚的真实体现。

2. 谚语反映了美好的追求和愿望

"耕读世家"是我国民众共同的追求。

"晴耕雨读"是古人理想的生活方式,也是客家人的立身之本,客家人中流传着"茅寮出状元"的谚语。在他们看来,想要改变境遇,读书是一条重要且奏效的途径,通过读书可以金榜题名,实现"朝为田舍郎,暮登天子堂"的梦想。所以,即使家境再困难,他们也要设法供子弟读书。

在中国传统社会里,家的观念强烈,家庭秩序讲究,亲情浓烈,亲疏关系分明:"国有大臣,家有长子""家有千口,主事一人""长兄如父,老嫂比母"。从古老的"玉不琢,不成器",到通俗的"三分生成,七分教养",再到现在的"要想富,抓教育""再穷不能穷教育,再苦不能苦孩子",家的观念与耕读思想可谓一脉相承。

在广东,很多商人崇尚教育,注重以文促商。"有田不耕仓库虚,有书不读子孙愚"的谚语,便是强调以文传家的重要性。

3. 谚语反映了各地特有的乡土声望

不少谚语反映了各地特有的乡土文化,即地方人文精神和名声名望,形成了特有的赞语。例如,泰山、黄河、孔夫子,是山东特有的乡土文化,是山东史地文化的象征和骄傲:"千山千水千秀才",比不上"一山一水一圣人";"泰山如坐,嵩山如卧""山东安而天下皆安"。

其他众多的谚语也反映了山东各地的乡土风物之美。山东有三宝:狗宝、牛黄、灵芝草;泰安有三美:白菜、豆腐、水;临清三件宝:蜜枣、瓜干、千张袄;东昌府,三大宝:鼓楼、铁塔、玉皇阁;长山岛,三件宝:海参、鲍鱼和江珧;章丘大葱莱芜姜,苍山大蒜辣里香;湖中鲤鱼海中鲳,不如汶河的黄鲇香;烟台苹果莱阳梨,不如潍县的萝卜皮;砣矶岛,三大宝:大红裤子大红袄,绣花鞋,满街跑;天下无二"孔",山东无二"林";沂水西南乡,无"刘"不成庄;蒙阴县,"公"一半;大张"焦",小章"刘",吕姓挤进了吕道口;九腔十八调,七十二嗨嗨(指柳子戏唱腔丰富多彩);卖了房子地,一心要听小桃的戏(小桃是柳子戏名演员刘云驷的艺名);李清杰的琴,邢以魁的筝,刘继荣的嗓子压山东(李、邢、刘三人均为山东的著名琴书演员);打金枝,骂金殿,曹庄杀妻牧羊圈(指山东梆子经常上演的传统剧目);大帘子,二帘子,赶关、提篮子(指鲁西南两夹弦经常上演的剧目);南有何老凤,北有马三峰(何老凤是群众对何凤仪的尊称,他是清末山东大鼓著名艺人);来了何老凤,有病也没病;茂腔一唱,饼子贴在锅沿上;听了旺相唱,饼子贴到门框上(旺相是吕剧名演员薛金田的绰号)。[①]

在广西,民间谚语同样反映了各民族特有的乡土文化。关于族源、历史方面的谚语,具有很高的历史文化价值。如"先有瑶,后有朝"

---

① 参见李万鹏、罗福腾、张廷兴主编:《中国谚语集成》(山东卷),中国出版中心,2009。

就在瑶族地区广泛流传。瑶族的历史,无文字记载,只凭口传。开天辟地和兄妹结婚的传说,流传普遍,家喻户晓。南丹瑶族传说,很久以前,世界上没有人类,盘古郎创造了耕牛,帮助人们翻耕泥土,从事生产。当时天下一团漆黑,没有光明,"黑眼睛"创造日月,轮流照耀人间。缺少雨水,人们无法生产,"黎长脚"和"李长手"造出雨水,大地才能生长万物。当时,虽然有了人种,但还不能生育,后来"东瓜仔"使人口得以繁衍。首先生了瑶人,出了瑶王,所以说先有瑶,后有朝。一开始,人畜不分,同吃同住,后来,牛上山去吃草,人劳动吃饭,人与畜类才彼此分开。

柳州谚语"狗肉香,鸡肉土,边喝啤酒边摆古"反映了现在柳州民众生活的一些情景。"城市老,历史长,多亏柳侯来帮忙",柳侯即柳宗元,点明柳州历史文化的一些特点。

广西毛南族有谚语"社王不开口,虎不敢扛猪"。社王是毛南族村寨的保护神,但经常有老虎扛走猪栏里的猪,说明社王和老虎是同一路的,这则谚语讽刺了旧时财主、官府经常互相勾结干坏事的现象。

流传于整个环江境内的民谚"苗家长北糯,毛南菜牛肉",说的是广西环江驯乐长北苗胞种的糯米既白又香软,闻名当地;毛南族养的菜牛,其牛肉曾远销东南亚。"宜北香猪肉,洛阳白粳粥",说的是广西宜北的香猪在广西很有名气,而洛阳过去喜种白粳,味香浓而营养丰富。

瑶族历来耕山而食,普遍缺粮,因而采集活动比其他民族更为频繁,几乎是一年四季都在进行,随见随采。采集的品种极多,香菇、竹笋、香草、木耳、松脂、棕皮、桂皮、薯莨、茶叶、芒芯等都是瑶族地区的土产,故有很多谚语赞颂这些物产。如:平林好桂皮,六竹好火笋,罗梦好薯莨,白牛好茶叶,大凳好香信,金秀好苓香。

4. 谚语反映了民间知识与经验

民间谚语是民间的教科书,其传授知识经验的特点十分鲜明。在

民间，有关生活知识、经验的谚语特别多，这是农耕社会的特点。民间将这些知识经验化作简洁明快的谚语，一方面有利于知识的传播，另一方面也使其发挥了更大的作用，因此，这些谚语通常被奉为"老人言""老古语"。如：

看菜吃饭，量体裁衣。

树大分叉，仔大分家。

守寡容易等吃难。

安好床铺哭也亮。

鸡蛋过手蚀三分。

死爹妈，水坝塌。

马怕鞭，蚊虫怕火烟。

肥肉有皮，后娘有话。

来到州府，先见瓦房。

死鸡争硬颈。

蛇有蛇路，拐有拐窟。

塘干才见鱼。

好花不乱开，大神不乱来。

大神好拜，小鬼难求。

吃葱要吃心，听鼓要听音。

火不烧山地不肥。

地头无鬼不生灾。

饿不吃谷种，馋不杀母鸡。

肚饿手打战。

有福不怕晚。

小寒不寒寒大寒。

其中最多的是耕种劳作知识经验的谚语。处于岭南地区的民众，在农耕文化的土壤中产生了许许多多与农业有关的谚语。例如"日出胭脂红，无雨也有风""日出红云升，劝君莫远行""太阳照黄光，明日风雨狂"等，都是当地农民在日常的耕种中总结和传承下来的。

侗族俗语"要秧好，需吃饱"，说的是撒种在傍晚进行，家人准备好丰盛的晚餐，等撒种的人回家后才开饭。晚餐，要让撒种人吃好吃饱。习俗认为，这样谷种就不会浮在水面上，秧苗就会茁壮成长，将来谷粒饱满，收获丰稔。

旧时，贺县南乡壮族的人们在扯秧前，先用秧根泥擦手背和腿部，谚云："洗洗水，甩三甩，擦擦手背和大腿，踩下田中人不累。"

耘田方面，壮乡有句谚语"一耘草，二耘禾，三耘四耘涨破壳"。通常耘田要耘两三次，有的耘四次。在南丹一些地方，耘田视水源充足或缺乏而定，一般"有水薅干田，无水薅水田"。

收割方面，俗话说："春争日，夏争时。"夏季是农家一年之中农活最繁忙的季节，由于夏收之后紧接着要夏种，故夏收一般都是全家出动，早出晚归，或连夜抢收。而仡佬族秋收时，农历八月十五日以前，禁新谷进家。立秋之日禁务农活，否则会造成粮食歉收，俗有"一年踩秋，十年不收"之谚。

对于种植养殖，各民族都有许多知识经验性谚语。如"正月竹，二月木"。种植棕树，在坑内垫上一块石或瓦片，防止立根直下，谚云："蔸脚放块瓦，三年就得剐。"有一些树，如桃树、竹子和芭蕉等，还为青年人所忌种，说是"桃妖艳鬼""桃花易谢，树长人衰""竹子芭蕉发了则人不发"等。

侗族以种植杉松、竹木、油茶树和桐树为主。三江谚云："茶子更兼桐子利，一年之计在山头。"他们种植的桐树有很多种，一年结实者叫"对岁桐"，三年结实者叫"三年桐"，四五年结实者叫"千年桐"。

谚云"七竹八木"，即凡砍伐竹木，宜于七八月间进行。在三江、融水、融安等地，民间称搬运木材下山为"拉山"。在"拉山"过程中，凡通溪涧之处，都采取安闸阻水的办法，依次取闸，放流于河。无河水之处，则架木为H型厢道，拉木由厢道入河，叫"拉厢"。如果是山岭险隔，则于两峰之间架木为栈道，由一山运到另一山，最终

运到河边。侗族的"拉山"还有一些不成文的规定，如"开田树让土，拉山田让路""大木去不得，小树砍一百"。

在长期的狩猎活动中，瑶族猎人积累了丰富的经验，并用俗语、谚语的形式加以总结。如"山猪过坳，野兔走光路，黄猄行岭脚，山猫回头走旧路""猪尾打得准，瞄时在前一个身""黄猄走得累，一头钻进干草堆，伸手可抓回""山蛤不冬眠，藏在水洼边""抓鸡虎，见火光，立即站立望四方""劝君莫打春来鸟，子在巢中望母归"等。

养鱼谚云："鱼塘常流水，稻田壅金谷。"养塘鱼要保持水常流动，鱼才不会染病。

捕鱼有谚云"滩清潭浑"，即河底干净有鱼走，潭里浑浊因鱼游。

在民间工艺制作方面，也积累了不少经验和知识。汉族银匠多远离家乡，到少数民族地区替当地群众打制银器。诚实公道的银匠，受人们欢迎；然而亦有唯利是图者，工价高昂，掺杂作假，侵吞原料，从中渔利。瑶族中有"银匠不瞒银，饿死一家人"的民谣，道出了这一事实。

广东、浙江人有做生意的传统，以前玉林商人始终以家族群体为重，把养家糊口放在经商目的之首位。如民间谚语"要想富，蒸酒磨豆腐""千走万走，不如在十字街口守"，反映的就是商人独特的家庭作坊的经营方式和经营理念。

5. 谚语规范群体行为

谚语也体现了群体的行为规范，按照这些规范去做，才吉祥如意，才能得到民众的认可和赞誉。如在广西，有的地方习俗规定，农历十二月二十八不能杀猪，俗谓"杀七（妻）不杀八（爸）"。

南方对于风水非常迷信，这方面的说法很多。如信"有钱难买向南居"之说，向南的住宅冬暖夏凉。中华人民共和国成立前，侗族民间流传有"山山有风水，处处有鬼神"的俗语。凡迁葬、起房子，都要请风水先生择课。

在婚姻方面，汉族居民筹谋婚事，重视门当户对，即所谓"木门对木门,竹门对竹门"。女方择夫的标准,主要是看男方的相貌人品,是否健康、正直、勤劳,有手艺;其次是看男方的家庭条件,诸如房屋几间、兄妹几个、家庭经济状况如何。

对于继承权问题,民间规范的谚语也很多。如"有男归男,无男归女,无女归宗"。绝户(即无继承人)财产处理的原则是"有亲归亲,无亲归房,无房归外"。武宣县桐岭、通挽、禄新等一带壮族人分家,从很久以前就遵循"吉日分家莫争云,命好自然样样兴"的信念和规矩进行,从未出现因分家而伤害感情之事。

(二)吉祥谚语举例

谚语分为风土谚(以较狭小地域所特有的风土民情之理为反映对象,涵盖乡土乡俗、乡人乡情,以及宗教信仰等方面)、自然谚(反映各种自然现象及其与人类关系的客观规律,涵盖天象气象、时令物候、地质灾害等方面)、农事谚(反映农事,尤其传统农事活动的经验与规律,涵盖农、林、牧、副、渔、猎等方面)、工商谚(反映工商及其运营的经验与规律,涵盖行商坐贾、百作工场、交通运输、钱庄典当等方面)等种类,其中含有大量的吉祥谚语,成为民众的民俗事象。下面举例分析。

(1)摸摸乌龟头,一辈子不犯愁;摸摸乌龟腚,一辈子不生病:庙里多有龟驮碑,俗以为抚摸石龟吉利。

(2)立春戴春鸡,小孩出痘稀:立春这天有给小孩戴春鸡的习俗,即用布缝一鸡状饰物,缝在小孩臂膊衣服上,谓鸡吃豆,可以祛痘。

(3)年除进门,百无忌讳:言除夕结婚,不用看日子,没什么讲究。

曲阜孔庙摸乌龟头风俗

老北京踩岁习俗

（4）踏芝麻秸儿，做个官儿：春节踩岁习俗。

（5）东撒岁，西撒岁，儿成双，女成对：除夕习俗，晚上在院内遍撒芝麻秆，以除不祥。

（6）擀面轴子转一转，一亩地里打一石：正月初八日有转八之俗，擀面条以乞小麦丰收。

（7）正月十五百草灵：正月十五有以草或草编物占卜之俗。

（8）爬爬城，不腰疼：正月十六有走百病、爬城过桥之俗。

（9）二月二，打灰囤，大囤尖来小囤流：二月二有撒灰囤祈求丰收习俗。

（10）二月二，照房墙，蝎子蜈蚣无处藏：二月二有照房墙习俗。在夜间端灯照房墙一圈，以为可以辟五毒。

（11）女大一，抱金鸡；女大二，没意思；女大三，抱金砖；女大五，赛老母；女大八，家要发：这些"男大""女大"的谚语，说的都是择婚的年龄差。

（12）按跪按跪，不按不贵：拜堂时的按跪风俗。

（13）吃顿百家饭，一辈子不拖欠：民间有亲邻向新婚夫妇送水饺习俗，叫"吃百家饭"。

（14）坐一夜，一顷地：坐帐习俗。

（15）男先说话先生男，女先开言先生女：洞房夜新人交谈，谁先开口，兆生男生女。

（16）爹接娘送，一辈子不生病：为新婚后回门时的习俗。

（17）新媳妇先做裤，越过越富；新媳妇先做袜，越过越发：新婚三日有新娘做袜、做裤风俗，取"裤"的谐音"富"而成口彩。

（18）穿上对月鞋，福气自然来：新娘回门要给丈夫全家人做鞋。

（19）雨淋坟，出贵人：俗以为丧葬时下雨好。

（20）姥娘揭痂，百花不发：生水痘好时，姥娘要去看望外甥。

（21）姑的裤，姨的袄，妗子的帽子戴到老；姑做鞋，姨做袜，小孩活到八十八：婴儿百日习俗。

（22）靠着柳，坐着斗，小孩活到九十九：有的地方过百日时让婴儿背靠柳树坐在斗上。

（23）酒无二漩：宴饮礼俗。宴席上须一次斟满杯，以满而不溢为最佳，若一次斟酒不满，不宜再斟第二次。漩，斟酒。

（24）烟不点三：交往礼俗。与人划火点烟时，忌一根火柴连点三支烟，为第三人点烟时须另换一支火柴，否则视为失礼。因"三""散"谐音而成忌讳。

（25）客不翻鱼：宴席吃鱼风俗。含义有二：一是渔民忌讳"翻"，把"翻"说成"划"或"正"；二是说客人不能连鱼的那一面也翻过来吃掉，应留给主人不能陪客的妻子儿女吃，否则，会认为太馋。

（26）文腹武背：宴席吃鱼礼俗。上鱼时，鱼背要对着军人或干力气活的人，鱼腹要对着女人或书生。

（27）娘家送担柴，日子发起来：温锅习俗。分家以后，娘家要给女儿温锅。

（28）穿着缝，没人疼：俗忌讳穿在身上缝补衣服。

（29）四六不成才：忌讳衣服扣子是双数。

（30）种上家槐，儿婚女嫁不破财：庭院栽树风俗。

（31）前不栽桑，后不栽柳：宅院栽树风俗。民间以为"桑"谐音"丧"，主有丧事；"柳"谐音"流"，存不住钱财，故成忌讳。

（32）门前不栽拍打手，楝子不在家里走：拍打手指杨树，又作"鬼拍手"，也作"呱嗒手"，庭院里禁忌栽种；楝子因为味苦，家里也禁忌栽种。

（33）前槐枣，后杏榆，东榴金，西柿银：庭院栽种习俗。

（34）依山傍水，风水宝地：择宅基风俗。

（35）住沟住洼，不住刀把：俗以为刀把地不能盖房。

（36）门户向阳开，福财一起来：房屋庭院以坐北朝南为好。

（37）大门向南，又进银子又进钱：门口设置的朝向风俗。

（38）燕子进屋，必有后福：民间以燕子栖于房檐为吉兆。

（39）喜鹊喳喳叫，喜事要来到：民间以为喜鹊叫，兆有喜事。

（40）朝报喜，夜报财，不日不夜有客来：指喜鹊叫的预兆。

（41）来猫去狗发人家：居家以陌生的猫来、丢失了自家的狗为吉兆。

（42）狗咬主人发家：民间以为狗咬自己的主人，是主人发家了，变样了，连狗都不认识了。

（43）公鸡叫，母鸡学，日子不发做什么：民间以母鸡打鸣为凶兆。为破解此凶兆，故言之。

（44）左眼跳财，右眼跳灾：民间以眼皮跳为凶兆，故反言之以破解。

（45）耳热眼跳有人念：民间以此来破解人体出现的不正常状况。

（46）一斗穷，二斗富，三斗四斗卖豆腐：手相俗信。斗，指指纹的形状，指纹成圈而没有缺口。

（47）十指九斗，骑着骡马走：手相俗信，兆有钱、有地位。

（48）下指九箱子,骑着骡马看庄子：手相俗信。箱子,即斗状指纹。

（49）十个簸箕簸成了，九个簸箕簸穷了：手相俗信。簸箕，指有缺口的指纹。

（50）尖指灵，齐指巧，荷包指头拔驴草：手相俗信，说指头粗大，是粗人的标志。

（51）上轿不穿棉，一辈子都作难：婚嫁新娘穿着习俗。

（52）自古白马怕青牛，蛇鼠相逢一旦休；猿猴最怕黑猪面，羊见猛虎不到头；玉兔逢龙如气断，金鸡配犬泪交流：婚配属相禁忌。

（53）心到神知：为拜神时候的祈祷语，以为拜神要心诚，不在于形式。

六、吉祥歌谣

民间歌谣是句式及音韵相对整齐，按一定曲调吟唱或吟诵的韵文体或诗歌体作品。分为民歌、民谣、儿歌、童谣四类。其中有大量的吉祥歌谣。如贺喜歌谣，由礼仪主持人或者流浪者演唱；交往歌谣，如送友人、迎新人、迎亲、结义、贺诞、酒歌等；宗教歌谣，如进香、佛歌或者偈语等。这些歌谣都具有吉祥语言的性质。

（一）节日歌谣

1. 祭灶歌谣

祭灶歌谣是讨好灶王爷的歌谣。民间俗信以为灶王爷是一家之主，是玉皇大帝派来监视一家人行为的，他要每年腊月二十三回天宫去报告这一家一年的善恶，玉皇大帝据此来决定这一家人新的一年的祸福。故祭灶词多讨好之语：

> 又到腊月二十三，灶王老爷要上天。铡好草，拌香料，壮马喂得咴咴叫。走大道，过小桥，一路顺风平安到。别忘人间糖瓜甜，玉皇面前添好言。多说好，少说坏，五谷杂粮多多带，大胖小子抱个来，家家敬仰人人爱。蒸白馍，炸供菜，初一五更迎您来。多施恩，别作怪，老少早晚把您拜。
>
> ——祭灶词之一

> 灶王爷，本姓张，骑大马，挎大枪，上天堂，见玉皇，言好事，降吉祥。
>
> ——祭灶词之二

> 灶王爷本姓张，一碗凉水三炷香，今年小子没混好，您老明年再吃关东糖。
>
> ——祭灶词之三

尾梨（荸荠）尖尖，灶公上天。灶公上天讲好话，灶妈下地保护侬。庇佑侬爹有钱赚，庇佑侬奶福寿长。

——福州祭灶词

2. 年夜歌谣

年夜歌谣是配合着年夜的一些行为、习俗进行说唱的，如祭祀天地时的歌谣、撒岁时的歌谣、守岁时的歌谣、卜丰歉时的歌谣：

除夕繁忙，勿忘上苍。三头六眼，敬请先尝。保我合家，人财两旺。子弟求学，读书快上。一家人口，麻痘稀朗。农作收入，五谷满仓。家里饲养，六畜兴旺。祈祷明年，蒸蒸日上。

——谢年歌

东撒岁，西撒岁，儿成双，女成对，白妮胖小，都往家跑。

——除夕夜"撒岁"与"踩岁"时念的歌谣

戳达戳，戳达戳，十个老鼠九个瞎，还有一个不瞎的，也要叫我戳达瞎。

——除夕夜老人用擀面杖捣鼠洞，以避鼠患时念的歌谣

岁朝宜黑四边天，大雪纷飞是旱年。最好立春晴一日，农夫不用力耕田。

——除夕夜观天卜丰歉的歌谣

跳入来，年年大发财；跳出去，无忧也无虑；跳过东，五谷吃不空；跳过西，钱银滚滚来。

——除夕夜孩子们围着火堆跳跃，以祈日子红火时念的歌谣

3. 新年歌谣

新年的第一天，叫"大年初一"，人们认为这一天所做的每一件事，都预示着一年的福祸，所以，每件事都有与之相应的吉祥话：

大年五更新开门，门里门外是财神：大门外头摇钱树，大门里头聚宝盆。摇钱树上拴海马，聚宝盆里长麒麟。马驮金，驴驮银，骡子驮钱进大门。

——大年初一开门歌

大年初一天气寒，多拜老天一整年。金香炉，银供桌，两把烧香往上搓。五个供，五个馍，五碗干菜随和着，满堂儿女把头磕。

——大年初一祭祀歌之一

大年五更地里寒，灶王老天整一年。金香炉，玉石桌，五碗供，三盘馍，五碗扁食往上托。先烧元宝后烧纸，大男小女把头磕，南无弥陀佛。

——大年初一祭祀歌之二

清晨起来把门开，明堂蜡烛照起来，财神爷爷上面坐，金银财宝两边排。刘海就是送仙子，沥沥拉拉撒金钱，一撒金，二撒银，三撒鸡马一大群，四撒老人寿限大，五撒举人和翰林，阿弥陀佛。

——大年初一祭祀歌之三

椿树椿树王，你长粗来我长长；你长粗了做材料，我长长了穿衣裳。

——抱椿树祈成长的儿歌

正月初一（或说"十五"）百草灵，我请簸箕姑娘来算命。

清是水，明是镜，戥子不灵问到秤，问一问婚姻动不动？

——邀厕姑歌

4. 二月二歌谣

二月二清早，家里老人敲打门砧、门框，说念歌谣，以祈发家进财：

二月二，敲门砧，金子银子往家滚；

二月二，敲门框，金子银子往家扛。

二月二就要开始春耕了，村里人集合起来，举行耕田仪式，要吟唱下面的破犁歌谣：

犁破新春土，牛踩丰收亩；春种一粒粟，秋收万颗籽。

二月二还有打囤的习俗，即在院落里，房前屋后，用草木灰撒围成囤形的灰道，以祈大丰收：

二月二，龙抬头，大仓满，小仓流。

5. 清明歌谣

清明时节，五毒俱出，老人们便用柳枝抽打房屋内的角落，边抽打边念叨：

一年一个清明节，柳枝单打青帮蝎，白天不准门前过，夜里不准把人蜇。

清明节有戴柳圈的习俗：

清明不戴柳，变个小黄狗。

6. 端午歌谣

端午原为避邪去恶，至今民间仍有抽打房屋墙角以驱邪的做法，还伴有歌谣：

今日端午节，蝎子你听着，只许你墙上爬，不许你把人蜇。

还有专门叙说端午饮食的歌谣，将端午饮食的象征意义说了出来：

吃爻雄黄酒，毒蛇远远游。重五草头汤，疤瘰洗精光。

重五吃麦麦，字眼学起快。吃交重五卵，做个生员卵。重五吃大蒜，读书做高官。

7. 乞巧歌谣

七月七日为乞巧节，女孩子们在这一天，要通过各种形式，向天上的织女乞巧，祈求自己心灵手巧，做一手好针线，嫁一个好男人，找一个好婆家。伴随着各种乞巧活动，出现了许多吉祥歌谣：

乞手巧，乞貌巧；乞心通，乞颜容；乞我爹娘千百岁，乞我姊妹千万年。

——乞巧歌之一

天皇皇，地皇皇，俺请七姐姐下天堂。不图你的针，不图你的线，光学你的七十二样好手段。

——乞巧歌之二

七月初一天门开，我请巧娘娘下凡来。巧娘娘，下凡来，给我教针教线来。巧娘娘教我绣一针，一绣桃花满树红。巧娘娘教我绣二针，二绣麦子黄成金。巧娘娘教我绣三针，三绣中秋月亮明。巧娘娘教我绣四针，四绣过年挂红灯。去年去了今年来，头顶香盘接你来。巧娘娘，想你着，我把巧娘娘请下凡。

——乞巧歌之三

巧呀巧，梨儿枣，众家姐妹唱七巧。第一巧，巧我心，心巧人心换人心。好心要报好心人，十人见了九人亲。第二巧，巧我耳，耳巧好坏能明清。女娃要听好人言，不做惹事是

乞巧图

非精。第三巧，巧我口，口巧人前不出丑。多在人前说好话，背后少惹众人骂。第四巧，巧我眼，眼巧看近能看远。不偏不斜看得正，好事坏事能看清。第五巧，巧我手，手巧样样都会做。会织会纺会做饭，一世不穷有吃穿。第六巧，巧我脚，脚巧不缠烂裹脚。穿上花鞋走正路，一直走到天尽头。第七巧，巧我头，头巧不戴花来不搽油。世上好人配好人，恩恩爱爱到白头。

——乞巧歌之四

8. 拜月歌谣

八月十五是中秋节，民间有拜月习俗，产生了许多拜月的歌谣，这些歌谣均为吉祥歌谣：

月亮光光，骑马燃香。东也拜，西也拜，月婆婆，月奶奶，保佑我爹做买卖，不赚多，不赚少，一天赚仨大元宝。

月亮亮，吃大饼。大饼勿吃吃小饼，小饼勿吃吃香稃。吃了饼，风调雨顺；吃了稃，生活步步高。

月娥姐，月明明，月中有株婆娑树。婆娑树上挂紫微，紫微星出保子星，保夫星，保男保女接宗支，枝枝叶叶兴旺生好子。月娥出来免灾星，家中添财又添丁。

八月初一，太平初一；月到中秋，全家拜月；宝塔灯，照照天地；花下藕，藕丝连连；红石榴，榴开见子；团圆饼，夫妻同偕到老，合家和睦团圆。

（二）贺喜歌谣

贺喜歌谣也叫喜庆歌，包括在婚宴上祝贺新人和谐到老、发家致富、早生贵子的结婚歌；在寿筵上祝福老人福寿绵长、身体康泰的祝寿歌；祝贺小孩生辰的三朝歌、满月歌、周岁歌；结婚仪式过程中的拦门歌、酿海歌；新居落成时的新房歌、立大门歌、进新居歌；各种酒宴上的迎客歌、留客歌、送客歌。这些歌谣唱的都是吉祥喜庆的内容，是吉祥语言的组成部分。

1. 贺寿歌谣

民间老人寿诞，儿女或者亲朋有兴致者多唱祝寿歌谣，以求吉利。

祝寿歌谣之一，巧用一到十，用十个数字编唱：

> 四福挂中堂，万寿多吉祥。麒麟来送子，辈辈状元郎。当朝一品做高官，两朵喜花戴胸前。三顶银盔头上戴，四时吉庆福万年。五子登科常富贵，六和通顺美名传。七财子孝家和美，八仙贺寿献金鞍。九世同居古来有，十日皇门中状元。

祝寿歌谣之二，使用八仙祝寿的典故，具有故事性：

> 知客叫我把席告，没有准备心头焦。各位来宾把寿朝，年命正逢紫微照。亲朋贺喜真不少，老人享福寿年高。乒乒叭叭放火炮，南极寿仙也来瞧。八仙得知也赶到，拐李仙师道法高；钟离仙翁把扇摇，洞宾挂剑清风绕；湘子云端吹玉箫，国舅简板敲得妙；采和篮内装蟠桃，仙姑手拿长生草；果老骑驴美凤毛，各路神仙凑热闹。众位来宾请坐好，同祝寿星饮几宵。

祝寿歌谣之三，将祝寿歌分为四章，反复咏唱，强化祝寿主题：

> 贺喜唱，贺喜老人寿千秋，寿比南山磐石固，福如东海水长流。贺喜唱，贺喜老人话桑麻，华堂喜斟千岁酒，椿萱乐放四时花。贺喜唱，贺喜老人寿期颐，贺喜老人享盛世，五代同堂共一室。贺喜唱，老人如同北斗星，星星要靠明月伴，明月圆圆伴星行。

祝寿歌谣之四，结合当地祝寿时给老人添粮的风俗，编成歌谣，烘托祝寿的喜庆气氛：

> 公公生日扬九州，儿孙给公添粮又补寿。公公请坐堂，

儿孙来添粮。谭家给半斤，覃家送一筐，公公吃了百家米，寿上加福几千秋。蒙家补一袋，卢家添一担，吃了百家粮，公公寿无疆。生日福满堂，祝公寿无疆；福如东海深，寿比南山长。

2. 婚庆歌谣

婚礼的主持人一般是全福人，即父母健在、儿女双全、身体健康的老人，并且心灵口巧，一边举行仪式，一边念吉祥歌谣。如在客家人的结婚仪式上，特请两位长辈妇女为新婚夫妇铺床，一边铺床一边唱的《铺床歌》：

四角罗帐围中央，结出一对好鸳鸯。一张席子直溜溜，明年来吃你姜酒。席子铺开平喳喳，保你明年做阿爸。一双枕头抛下来，得个儿子做秀才。

《上轿》用在请新娘上花轿的场合：

新人请入轿，翁某有说有笑。入轿坐四正，出轿得人疼。

客家新娘坐花轿图

《筛丸》用在筛汤圆的场合。南方有些地区用汤圆作为结婚新人的饮食，伴之而唱：

筛丸团团圆，新郎新娘吃百年。筛丸筛过来，生团中秀才。筛丸筛过去，生团中进士。筛丸筛完全，生团中状元。

《闹房歌》是在新婚仪式上，青年男女闹房时说的吉祥语：

洞房花烛喜洋洋，亲戚朋友来闹房，闹得新娘生贵子，闹得麒麟配凤凰。

毛南族的接新媳妇《献酒歌》，巧用传统民歌《十杯酒》的形式，边献酒边歌唱：

　　初斟杯酒献台前，先敬圣神和祖先。伏羲开天立嫁娶，贤郎淑女结姻缘。依旧规矩接新娘，开壶初盏献众仙。

　　异姓夫妻合姻缘，先求神灵引路明。天上双星同欢喜，渡河牛女喜相逢。太阳落山引玉兔，媒人引路到房中。

　　三更半夜情意合，凤凰高歌甜梦中。江海出龙多欢喜，汉鹏龙女千年逢。好比鸳鸯结成队，夫唱妇随免纠纷。

　　夫妻四季同商议，恩爱如蜜有富荣。坐在堂中为夫妇，上合下睦万代红。良缘结义愿长久，沾恩保佑接新人。

　　五方要与日月明，天开闪烁现双星。今年添丁又进口，君子好逑淑女情。保佑两边免相克，同修道德万事兴。

　　六合贵人今相逢，春至江河会蛟龙。汉鹏江边会龙女，谢神帮娶入家门。英台痴心恋山伯，阻拦难隔有情人。

　　七保琉璃合七星，金乌下殿配麒麟。白娘变身配许仙，千秋万代情意深。主家合缘照古规，夫妻百年不变心。

　　八盏仙寿祝众官，亲家朋友贺此筵。喝酒慢尝同欢笑，男女老少尽开颜。房叔族公共贺喜，伤亡外鬼莫沾边。

　　九盏久常敬三元，师公命寿与天长。本部社王领主情，五祖司令及家仙。保佑此筵多安泰，遣除灾怪保团圆。

　　十盏全福送满筵，兄弟姐妹尽周全。命你师娘赶紧办，五味馨香摆满台。劝动亲官排班坐，满怀有话尽诉说。

毛南族的《贺婚歌》，则谈古说今，既有美好的祝愿，又借着婚姻仪式，给青年人讲述人类的历史，讲述人类始祖盘古的故事：

　　今年种下仙桃种，明年三月定开花；
　　新人像塘里双鸳鸯，相亲相爱不分离。
　　像一对鲤鱼在塘中，穿梭戏水多高兴；
　　春天来了水满塘，鲤鱼下仔满池塘。
　　今日有缘来相配，年年月月多幸福；

今天新妇刚入门，父母希望记心上。
谁像锦鸡配凤凰，如今新人成双对；
圣母刚到天下时，从今往后多操劳。
凤凰飞到你家中，就像杨柳配牡丹；
男女结合配成双，家中定会很兴旺。
唱首欢歌送新娘，今天你嫁别人家；
你们前世有姻缘，金花银花正相配。
过去盘古结婚姻，才有子孙后辈人；
新郎心中很满意，新娘也觉很称心。
就像一对鹧鸪鸟，常备糖果在袋中。
每到明年春三月，明年再来喝喜酒，
以后再过贵家门，声声啼叫家门前；
就会问主家来献宝，喝醉了无法转家门。

每当有婚嫁喜事，乞丐便成群结队讨喜钱，叫赶喜。赶喜就要唱喜歌，他们边放鞭炮，边唱喜歌。如下面这首古朴典雅的《赶喜歌》：

金龙喜炮响隆隆，唱歌高兴贺新翁。今岁翁姑真幸福，令郎吉日得成双。今朝初咏关雎句，来日还歌麟趾踪。婚姻自主由两愿，良缘佳偶合双方。

新婚喜庆唱歌声，之子于归百车迎。鸳鸯配合占吉日，良缘佳偶自天成。新婚喜庆唱歌词，之子于归家室宜。琴瑟又兼钟鼓乐，熊占万梦庆螽斯。

百客亲朋来饮宴，唱歌我队贺新郎。鸾凤和鸣成双对，礼仪联喜挂厅堂。鸿案齐眉真高兴，夫唱妇随合理当。

吉日良时成双对，团圆合卺来交杯。雀屏中目多恩爱，锦上添花并蒂开。舅端夫妇喜洋洋，唱歌高兴贺新娘。良缘佳偶乾坤定，舞来鸾凤对鸳鸯。

新郎新娘笑哈哈，唱歌恭喜大荣华。夫妇同心结丝罗，我来恭喜唱欢歌。牛郎织女山海固，鹊桥相会渡银河。新郎新妇庆牵丝，我来恭贺唱歌词。吉日雀屏欣中目，良时鸿案喜齐眉。

下面这首《赶喜歌》是即兴歌唱，也就是说，只要主人不赶忙拿出钱财给这些乞丐，他们就会一直唱下去；或者主人把他们赶到哪里，他们就唱到哪里：

火烧炮竹响连连，我来恭喜主人先；恭喜主人歌慢唱，从头一二我开唱。来到门口贺门前，且贺天官赐福先；吉星高照家兴旺，五福临门瑞气添。

来到门口贺门宾，一个大门两个神；两个将军守门口，无灾无难万年春。贺了门口贺下厅，五谷丰登六畜兴；母鸡一年三窝蛋，鸡儿落地像天星。

贺了下厅贺天井，天井铺成龙凤池；聚集五湖四海水，海阔天高龙凤飞。贺了天井贺上厅，红台红椅摆平平；红台红椅平平摆，平安清吉永康宁。

贺了上厅贺祖宗，华堂灯火永长光；代代祖先积功德，子孙耀祖又光宗。贺了祖宗贺正梁，一条红缎丈二长；丈二红缎包到顶，后继有人做栋梁。……

3. 上梁歌

民间很重视盖房的上梁仪式，要请专门的人主持，需念唱《上梁歌》：

鲁班问梁何日上，太公答曰此时吉。指日高升日子好，如日中天合家喜。

脊檩本是一条龙，曲曲弯弯往上行，行到空中它不动，单等主人挂彩虹。一挂金龙盘玉柱，二挂子孙占满堂，三挂福禄寿三星，四挂金银财宝满车装。脊檩本是一条龙，曲曲弯弯往上行，行到空中它不动，就等主人拿酒来。头杯酒，浇龙头，辈辈封官做王侯。二杯酒，浇龙尾，辈辈做官清如水。三杯酒，浇龙腰，辈辈做官赛王豪。

吉地一处好宅院，福禄寿禧都占全。后有靠山保平安，前有来水积财湾，左有美酒杏花村，右有王母蟠桃园。

这檩是好檩，这梁是好梁；这檩生在金凤坡，这梁长在卧龙岗。

太阳一出满天红，我给大梁系彩虹。彩虹系到老龙头，主家辈辈出王侯；彩虹系到老龙腰，主家辈辈出阁老；彩虹系到老龙尾，辈辈居官清如水。

乡亲们，举目望，大梁红檩正当当，四块金砖托玉柱，四根玉柱架金梁，金梁玉柱安得好，魁星照在梁头上。

一张方桌摆当央，放上筷子整十双。猪头三牲时鲜果，各路神仙齐来享。宅神家仙和灶王，保俺房子盖得强。

大梁平，二梁稳，又来金，又来银，狮子驮钱进大门，三天不扫床前地，落得金银半尺深。

上大梁，盖新房，梧桐招来金凤凰，小子娶来个七仙女，当年生个状元郎。

主家含笑坐堂上，富贵荣华人烟旺，四邻八舍来庆贺，芝麻开花日子强！

4. 贺生养歌谣

柳江县壮族《满月歌》，也叫《背带歌》，是在婴儿满月、外婆给外孙背带时，与主家婆唱和的歌谣。二人一唱一和，借景生情，妙趣横生：

外婆：鲤鱼上树去生蛋，麻雀下海去做窝，吉利日子来到了，外孙门前凤毛落。

主家：昨夜筷条长出叶，今早门墩会唱歌，吉利日子来到了，凤接花迎见外婆。

外婆：荞花菜花芝麻花，蜜蜂飞去又飞来，金路银路米花路，外婆带得背带来。

主家：金线银线五彩线，孔雀开屏在中间，四角芙蓉刚出水，看着背带乐心间。

外婆：月琴挂在画眉咀，唱得石头上下飞，红花背带背外孙女，背出一只鹧鸪媒。

主家：林中要数木棉树，木棉不比杉木直，黄花背带背外孙仔，育出杉树岭上立。

外婆：背带变成一张网，网得天边一颗星，星子生来比灯亮，小小个子好聪明。

主家：背带变只宝囊袋，装得一只蜜蜂来，蜜蜂会飞把花采，一身沾蜜甜心怀。

外婆：雨来背带是布伞，风来背带当面墙，竹壳包笋长得快，葛藤靠树牵得长。

主家：背带丝绒细又长，绣得莲花水汪汪，蜜蜂看见飞来了，不闻花香闻汗香。

外婆：今年背带背外孙女，明年外孙又来添，摆开饭桌来吃饭，五男二女齐团圆。

主家：外孙大了十八变，愿他变鲤游下滩，要捉就捉大鲇蜗，拿回先给外婆尝。

外婆：背带歌尾是木叶，吹得外孙嘴巴开，明天世界由他闯，由他另摆新歌台。

七、吉祥对联

（一）婚联

婚联也叫喜联，是对联的一种。对联为写在纸上、布上，悬挂或粘贴在壁间、柱上、门首、门两旁的对偶语句。喜联一般指用于喜庆婚嫁时贴挂的楹联。喜联均为祝贺、赞美、祈愿语。

1. 新婚对联

新婚对联,内容多赞颂婚姻美好,祝愿婚姻美满。四字喜联,作为吉祥文字,多绣制于枕头顶子、鞋子、鞋垫上,也用来张贴在衣柜等物件上:

百年好合,佳偶天成

之子于归,花开连理

天成佳偶,金玉良缘

志同道合,花好月圆

百年佳偶,一世良缘

二姓合婚,百年偕老

百年好合,五世其昌

珠联璧合,凤翥鸾翔

乾坤交泰,琴瑟和谐

荷开并蒂,芍结双花

月圆花好,凤舞龙飞

云开五色,户纳三星

丹心锦联,白头偕老

百年伴侣,千秋良缘

道合志同,花好月圆

鸳鸯福禄,鸾凤吉祥

五字喜联,除了渲染新婚氛围外,也表达了对新人相亲相爱和志同道合的祝愿。多贴于门面:

同心兴大业,携手共奋斗

天上月常圆,室中人互爱

洞房花烛夜,金榜题名时

清风入蜜月,喜气来洞房

美酒迎嘉宾,笙歌贺新婚

燕尔新婚日，良宵美景时
贺婚斟美酒，迎客敬香茶
宾朋含笑至，淑女踏歌来
贵宾来四面，良缘喜百年
喜高朋满座，迎玉女临门
文明求平等，新婚尚自由
酌酒迎宾客，题诗颂佳期

六字、七字及其以上的喜联，多作为楹联，贴于门框。六字的比较少：

结成终身伴侣，建立美满家庭
四季娇花长好，百年皓月永圆
并蒂花开四季，比翼鸟伴百年
向阳红花争艳，比翼俊鸟齐飞
喜共花容月色，何分秋夜春宵
佳偶百年好合，知音千里相逢
两两同心报国，双双协力持家
易曰乾坤定矣，诗云琴瑟友之

最常见的是七字喜联，有的沿用了传统的喜联，古朴典雅：

良日良辰成良偶，佳男佳女结佳缘
一朝喜结千年侣，百岁不移半寸心
文章价重千秋事，夫妻和睦百年春
连理枝头山海永，同心瓣里地天长
天高地厚情常在，石烂海枯心永连
春花吐艳光花烛，翠柳凝香上柳眉
蜜月虽从今日始，情心却在百年间
自去自来梁上燕，相亲相近水中鸥
窗前共览三春景，灯下同吟一卷诗
共倚晓窗迎旭日，同耕桑田播春光

几度新诗题红叶，十分恩爱到白头

午夜鸡鸣欣起舞，百年举案喜齐眉

很多喜联融入了时代内容，使用了大量新词语，体现了时代特色：

良缘一世同地久，佳偶百年共天长

花烛银灯鸾对舞，春归画栋燕双飞

志同道合添佳话，青梅竹马结良缘

两情鱼水春做伴，百年恩爱花常红

东方两朵光荣花，灯下一对幸福人

同心同德奔小康，相亲相爱到白头

和睦门第风光好，恩爱夫妻幸福长

还有一些喜联，既套用了传统格式，又添加了现代生活的内容：

喜气盈门增百福，春风入户纳千祥

喜气盈门春常在，一家安乐福满门

喜看鸳鸯成双对，笑迎宾客贺新婚

结良缘夫妻皆喜，办喜事亲友同乐

月圆花好欢美景，道合志同度良宵

凌霄秋菊喜吐艳，恩爱夫妻乐香帏

爱情纯真花好月圆，相敬相爱美满夫妻

前程锦绣地久天长，同心同德幸福家庭

海誓山盟同心永结，革命夫妻互助互爱

2. 横批

多贴于门簪（门楣），以及嫁妆、器物之上：

丹桂生香	乾坤定矣	金玉良缘	天长地久	喜气盈门
天作之合	夫妻恩爱	情深似海	美满婚姻	天定良缘
花好月圆	花开并蒂	夫唱妇和	喜到成双	莲结双子
郎才女貌	永结同心	鱼水合欢	龙腾凤翔	比翼双飞
龙凤呈祥	往之女嫁	以顺为正	恪守闺训	不忘内则
栀绾同心	莲开并蒂	蓉屏孔雀	莲沼鸳鸯	如凤求凰

乃倡乃襄	庆集华堂	鸾凤和鸣	琴瑟永谐	白头偕老
情深如海	天长地久	心心相印	五世其昌	笙磬同谐
百年好合	天作之合	喜成连理	幸福美满	志同道合
迨其吉兮	朱陈结谊	仙斧修月	情殷佳偶	阴阳以顺
光我民族	情投意合	天赐良缘	珠联璧合	双喜临门
美满姻缘	玉树琼枝	莺歌燕舞	文定厥祥	门第以昌
静女斯扬	康乐无疆	彝伦叙祥	振彼纲常	举案齐眉

（二）春联

春联俗称"门对""春贴""对联""对子"，起源于桃符（周代悬挂在大门两旁的长方形桃木板）。后来发展为工整、对偶、简洁、精巧的文字，描绘时代背景，抒发美好愿望。

春节贴春联的民俗起于宋代并在明代开始盛行。春联的种类比较多，依其使用场所，可分为门心、框对、横批、春条、斗斤等。"门心"贴于门板上端中心部位；"框对"贴于左右两个门框上；"横批"贴于门楣的横木上；"春条"根据不同的内容，贴于相应的地方；"斗斤"也叫"门叶"，为正方菱形，多贴在家具、影壁上。

常见的四字、五字、六字春联，多用大字，贴于大门上。其内容多为辞旧迎新，写新气象、新景色、新希望、新心情，并且多使用传统对联形式：

华夏龙兴，阳春燕舞。

一元复始，万象更新。

三阳开泰，四喜临门。

一门五福，三多九如。

物华天宝，人杰地灵。

风调雨顺，人寿年丰。

春风送福，喜气临门。

春回大地，日暖人间。

四时为柄，万象皆春。

闻鸡起舞，跃马争春。
年年大发，岁岁有余。
春盈四海，花漫九州。
山清水秀，地利人和。
三星拱户，四柱擎天。
五星高照，四海欢腾。
六畜兴旺，五谷丰登。
新春伊始，福寿即来。
三阳临吉地，五福萃华门。
门庭多喜气，山水遍春光。
门含千山秀，楼览万里春。
玉堂浮瑞气，金室耀祥光。
玉堂开春色，琼树发秋香。
云霞呈吉日，花柳发韶年。
云霞出海曙，梅柳渡江春。
雪消梅绽玉，风细柳摇金。
梅开透春信，雪化见松贞。
黄莺鸣翠柳，紫燕剪春风。
喜鹊登枝唱，红梅报春来。
瑞气临门早，春香及第先。
瑞气当窗霭，春光映日新。
瑞雪妆梅艳，春花映日红。
瑞雪漫天舞，红梅着意开。
瑞凝三秀草，春入万年枝。
春风春雨春色，新年新岁新景。
桃符窗花瑞雪，柳浪布谷春风。
笑盈盈辞旧岁，喜滋滋迎新春。
梅蕊乐开五福，竹风喜报三多。

唯俭唯勤创业，亦耕亦读传家。
喜爆声声报岁，红灯盏盏迎春。
紫燕黄莺布谷，红梅绿柳迎春。
翠竹红梅青松，傲骨高风亮节。
爆竹一声除旧，桃符万户更新。
江山万里如画，神州四时皆春。
冬去山明水秀，春来鸟语花香。

常见的七字及以上的春联，多贴在房屋门、里门以及各类门框上。除了传统春联的迎新主题之外，还将新时代、新气象、新生活、新内容、新期望融入其中：

连天瑞雪千门乐，献岁祥梅万户香。
花开富贵年年好，竹报平安月月圆。
苍天大地丰盈世，碧水青山锦绣春。
苍山不老春风地，碧水长流幸福源。
声声爆竹声声喜，阵阵春风阵阵歌。
杏蕊饱沾春露艳，东风浓染碧桃香。
时雨遍沾芳径草，丽天争放向阳花。
财随时日天天长，福伴春风岁岁来。
迎新年年年添喜，辞旧岁岁岁有余。
迎春瑞雪妆梅艳，送暖和风着柳新。
迎春爆竹普天笑，献岁红梅满院香。
青松翠柏送寒去，白雪红梅迎春来。
松竹梅岁寒三友，桃李杏春风一家。
雨润杨柳添春色，风舒李桃满苑香。
国运昌隆百姓乐，家庭富裕子孙贤。
国运昌隆逢盛世，家庭和睦乐天伦。
春入春天春不老，福临福地福无疆。
人顺家和福星照，心想事成鸿运门。

家兴人兴事业兴，福旺财旺运气旺。
花开富贵全家福，竹报平安满堂春。
家和人顺随心意，富贵平安庆吉祥。
丹凤呈祥龙献瑞，红桃贺岁杏迎春。
春回大地百花争艳，日暖神州万物生辉。
春满人间百花吐艳，福临小院四季常安。
一夜连双岁岁岁如意，五更分二年年年称心。
日丽风和绣出河山似锦，年丰物阜迎来大地皆春。
春风送春处处春色美，喜鹊报喜家家喜事多。
龙年龙裔看龙腾龙飞天上，春年春风送春到春满人间。
辞旧岁，迎新春，抬头见喜；抓良机，走好运，该我发财。
小康时节，丰衣足食千家乐；平世风光，绿水青山万象新。
庚岭东西，梅放千枝报春早；大江南北，雪飞六曲兆年丰。
竹报三多，绿竹千竿同茂盛；梅开五福，红梅万朵共芳菲。
雪压枝头，群山喜见松梅竹；冰溶水里，大地争开李杏桃。

横批，四字为多，常贴于门楣、器物、墙上：

欢度春节　春节快乐　春光明媚　万象更新　一家瑞气
三星拱户　四季平安　吉星高照　万事如意　五谷丰登
六畜兴旺　吉庆有余　惠风和畅　发家致富　日度小康
猪年大吉　万事遂心　利国利民　四海皆春　普天同庆

（三）寿联

寿联是民间为老人祝寿的对联，多为亲人朋友所赠，祝愿老人"福""寿""乐"。下面这些寿联，既有传统的，又有现代的：

福如东海，寿比南山。

喜迎新岁，欢度晚年。

德为世重，寿以人尊。

河山并寿，日月双辉。

筹添沧海日，嵩祝老人星。

椿树千寻碧，蟠桃几度红。

益寿延年歌鹤算，高龄遐日祝松筠。

令旦长绵欣有德，延年益寿乐无疆。

东海添筹增鹤算，南山献寿享遐龄。

春日融和欣祝寿，吉星光耀喜迎春。

堂前燕舞迎春舞，院内莺歌祝寿歌。

寿域宏开松显劲，春堂众庆鹤含欢。

南极星辉牛斗渡，北堂萱映凤凰枝。

椿萱并茂交柯树，日月同辉瑶岛春。

子敬孙贤福如东海，体强身健寿比南山。

月值小春看岭上梅花初放，星悬宝婺祝堂前萱草长荣。

八、暗示强烈的数字

因为赋予了特有的含义，有很多汉字的数字成了吉祥文字。如出门讲究三六九，回家讲究二五八，喜庆讲究成双成对，人生最盼望的是十全十美。

（一）数字的吉祥含义

1. 一

作为吉祥数字，"一"的吉祥意义主要有三个。

（1）起始。道教一般解释，道生太极，太极生阴阳两仪，阴阳和合生成冲和之气，与阴阳一起就是三。三可以代表多，也可以代表正反合的关系。

《说文》："惟初太始，道立于一，造分天地，化成万物。"

《淮南子·诠言》:"一也者,万物之本也。"

《道枢·真一篇》:"其变化之源,始生于一,终复于一,所以历万变而不穷。"

《老子》:"道生一。一生二。二生三。三生万物。万物负阴而抱阳,冲气以为和。""天得一以清,地得一以宁,神得一以灵,谷得一以盈,万物得一以生,侯王得一以为天下贞。"

《太平经》:"夫一者,乃道之根也,气之始也,命之所系属,众心之主也。"一元复始,法出一门,一统天下,都是这个意思。

(2)第一。这一方面的吉祥意义使用最多。其中最主要的、被人们经常使用的吉祥语言及其吉祥用法如下:

一把手:在某一方面才干出众的人或单位组织的主要负责人。

魁首:"魁""首"两字都指排在第一的人,如文章魁首指文章写得最好的人,五经魁首指科举时代五经试士每经所取的第一名,女中魁首指女子中才华最出众者。

百里挑一:一百个当中就挑出这一个来,形容才华出众。

春宵一刻:欢娱难忘的美好时刻,一般指新婚之夜美好的时光。《春夜》(宋·苏轼):"春宵一刻值千金,花有清香月有阴。"

高人一筹:比一般人高出一个筹码,指胜过别人。

桂折一枝:旧时比喻登科及第。《喜敏中及第偶示所怀》(唐·白居易):"自知群从为儒少,岂料词场中第频。桂折一枝先许我,杨穿三叶尽惊人。"

(3)纯,专,专一。这个吉祥意义被专门用来指称人的忠诚、敬业、诚信等美好品质。常用词语和意义如下:

始终如一:自始至终一个样子,指能坚持、不间断。《荀子·议兵》:"虑必先事而申之以敬,慎终如始,终始如一,夫是之谓大吉。"

一心一意:只有一个心眼儿,没有别的考虑。《三国志·魏志·杜恕传》:"免为庶人,徙章武郡,是岁嘉平元年。"裴松之注引《杜氏新书》:"故推一心,任一意,直而行之耳。"

从一而终：指保持贞洁。《周易·恒》曰："妇人贞洁,从一而终也。"

表里如一：表面和内心一样,形容言行和思想完全一致。《朱子全书·论语》："行之以忠者,是事事要着实,故某集注云'以忠,则表里如一'。"

此外,一表人才、一步登天、一帆顺风、一举成名、一路平安、一鸣惊人、一诺千金、一清二白、一日千里、首屈一指等词语,都具有吉祥语的特点。

2. 二

天下万物皆为一阴一阳,二为阴阳和合之意。《易·系辞》："因贰以济民行。"二形有男女两性,二仪指天地、阴阳。民间有天地和谐、夫妇好合、好事成双的吉祥意义。特别是成双成对的含义,是民间对于男女两性和谐的美好祝愿,并且用鸟儿和鸣、连理结枝、鸳鸯戏水、蝴蝶双双形象地表示这种美好意愿。

两相好：引申为人与人之间关系的和谐。亲朋邻里之间讲究礼尚往来,两好合一好。

比翼双飞：比喻夫妻恩爱,相伴不离或男女情投意合,在事业上并肩前进,结为伴侣。

双喜临门：指两件喜事一齐到来,也叫"好事成双"。

3. 三

"三"指天地人之道,也叫三元、三才、三极、三气、三仪、三灵。俗谓"三三不断",取绵绵无尽的意思。

三尊：三种最受尊敬的人,指君、父（亲）、师。

三牲：古时祭祀用的供品,分大三牲（猪、牛、羊）和小三牲（鸡、猪、鱼）两种。三牲是奉献给天地神灵的,为大吉祥。

三元及第：三元,指科举乡试、会试和殿试的第一名,即解元、会元和状元；明代又指殿试的前三名,即状元、榜眼、探花。三元及第就是连中三元,在乡试、会试和殿试中均获得第一名。在明清时期,谁家的祠堂悬挂"三元及第"的匾额,那是整个家族世世代代的荣光。

三星高照：三星，指猎户座中央三颗明亮的星，冬季天将黑时从东方升起，天将明时在西方落下，人们常根据它的位置来估计时间。而民间通俗的说法，三星指的是福禄寿三星；三星高照系祈盼福星、禄星、南极老寿星高照，好运来临。

三阳开泰：《周易》称爻连的为阳卦，断的为阴爻，正月为泰卦，三阳生于下；冬去春来，阴消阳长，有吉祥之象。三阳开泰常用以称颂岁首或寓意吉祥。民间还用"三羊"图案来象征这个吉祥意义。

功名富贵图

4.四

古代以东、南、西、北为四方，以春、夏、秋、冬为四季。四在古代有成双、方正、吉祥、完美、周全的意思，因此用"四"来命名的东西很多，并且以此作为吉祥。

四平八稳：原形容身体各部位匀称、结实。后常形容说话做事稳当。和缓、协调、平稳，是农耕社会为人处世的一个法则，因此，四平八稳也用以称赞人老练。

四季发财：祝愿语，一般用在商界，现在通用，多用于春节祝贺语。

四世同堂：指祖孙四代生活在一起。这是老年幸福的一个标志。

四喜：也叫四鸿喜、四大乐事，指久旱逢甘霖、他乡遇故知、洞房花烛夜、金榜题名时。

但是，因为"四"字与"死"字谐音的关系，又给人以一种不吉利、不祥之感。

5.五

《说文》："五，五行也"，"阴阳在天地间交午也"。段玉裁注："水火木金土，相克相生，阴阳交午也。"古时分东、西、南、北、中五个方位,分别以青、黄、赤、白、黑五色,象征五德。古代以五相称的词语很多,多为当时社会倡导的信条或原则。如五义:父义、母慈、兄友、弟恭、子孝;五常:仁、义、礼、智、信;五伦:君臣、父子、夫妇、兄弟、朋友;五戒指佛教中规定的五项戒律:不杀生、不偷盗、不邪淫、不妄语、不饮酒。

五魁:现在多为划拳令。明代科举分五经《诗》《书》《易》《礼》《春秋》取士,每经以第一名为经魁,故称"五经魁",简称"五魁"。

五世其昌:指子孙后代兴盛。旧时常用来做新婚颂词,即天作之合,五世其昌。

五福临门:五福,五种幸福。《书·洪范》:"五福:一曰寿,二曰富,三曰康宁,四曰攸好德,五曰考终命。"汉代桓谭《新论》:"五福:寿、富、贵、安乐、子孙众多。""长寿"是命不夭折而且福寿绵长,"富贵"是钱财富足而且地位尊贵,"康宁"是身体健康而且心灵安宁,"好德"是生性仁善而且宽厚宁静,"善终"是能预先知道自己的死期,临终时,没有遭到横祸,身体没有病痛,心里没有挂念和烦恼,安详而且自在地离开人间。五福合起来才能构成幸福美满的人生。

龙飞九五:《周易·乾》曰:"九五,飞龙在天,利见大人。"后指即天子位。

五子登科:《宋史·窦仪传》记载,宋代窦禹钧的五个儿子仪、俨、侃、偁、僖相继及第,故称"五子登科"。当朝太师冯道还特地写了首诗:"燕山窦十郎,教子有义方;灵椿一株老,丹桂五枝芳。""五子登科"后被用作结婚的祝福词或吉祥语。

6. 六

《易》卦之阴爻称为六。古代以六总称的事物有很多,如:六书,古时分析汉字形、音、义而归纳出来的六种造字法,即象形、指事、会意、形声、转注、假借;六艺,指礼、乐、射、御、书、数六种技艺;六合,东、南、西、北、上、下,用以指天地和宇宙;六亲,指父、母、妻、

子、兄、弟,也泛指所有亲属;六经,六种儒家经典,即《诗》《书》《易》《礼》《乐》《春秋》;六畜,指猪、牛、羊、马、鸡、狗;六礼,即婚姻据以成立的纳采、问名、纳吉、纳征、请期、亲迎六种仪式;六神,道家认为人的心、肺、肝、肾、脾、胆各有神灵主宰,称为六神;六甲,传说为上帝造物的日子,古时用天干地支配成六十组干支,其中以甲起头的有甲子、甲戌、甲申、甲午、甲辰、甲寅六组,称为六甲,用以推算人的命运。

民间带"六"的吉祥语主要有:

六六大顺:表示顺利。《左传》云:"君义,臣行,父慈,子孝,兄爱,弟敬。"现在用作口语、祝颂语、酒令。

六畜兴旺:指饲养的家畜、家禽繁衍兴旺,为期盼语。

三六九:民间以三六九出门为吉。

身怀六甲:古代妇女称怀孕。古代用甲、乙、丙、丁、戊、己、庚、辛、壬、癸十天干和子、丑、寅、卯、辰、巳、午、未、申、酉、戌、亥十二地支依次配成六十组干支,其中起头是"甲"字的有甲子、甲寅、甲辰、甲午、甲申、甲戌六组,传说是上天创造万物的日子,也是妇女最易受孕的日子。

六尘不染:六尘,指色、声、香、味、触、法。六尘不染指排除物欲,保持心地洁净。

三头六臂:赞颂人的本事非凡,神通广大。

7. 七

佛教多以"七"表示一些要义。佛教信徒分为优婆塞、优婆夷、沙弥、沙弥尼、比丘、比丘尼、式叉摩那七个等次。"救人一命,胜造七级浮屠",指的是佛教修炼到最高层次,也不能超过七层宝塔。民间常用的,除了佛教这些吉祥的语言之外,还有自己创造的一些词语:

七宝:汉代佛经上指金、银、琉璃、砗磲、珊瑚、琥珀、水晶。佛教认为七宝蓄纳了佛家净土的光明与智慧,孕育着深刻的内涵,是珠宝中的灵物。时至今日,这些饰纹还用在建筑、服饰、器物之上。

七宝花：在佛教中指西方极乐世界七宝池中的莲花。莲花形象与中国传统文化中的清廉高洁品格吻合，成为民间常用的吉祥图案，在年画、影壁、柱基等地方出现。

七巧：相传农历七月初七，天上牛郎织女相会，民间妇女比穿针引线技艺，斗巧取胜，祝贺织女喜会牛郎，俗称"乞巧"，因"乞""七"谐音，故也称七巧。

七仙女：神话传说中玉帝的七个女儿。《西游记》里七仙女为红衣仙女、青衣仙女、素衣仙女、皂衣仙女、紫衣仙女、黄衣仙女、绿衣仙女。据说她们的名字分别是张天寿、张天阳、张天荣、张天昌、张天显、张天庆、张天羽。七女与董永、四女与牛郎的传说，在民间被画入年画，寓意吉祥。仙女美丽善良、心灵手巧的美德，具有吉祥意义。

8. 八

甲骨文中，"八"字像分开相背的样子，从"八"的字多与分解、分散、相背有关，本义相背、分开。段玉裁注《说文》曰："今江、浙俗语以物与人谓之八，与人则分别矣。""七不出门，八不回家"也是这个意思。

"八"本来成不了吉祥字，但是，在粤语里，与"发"谐音，因而有了吉祥意义。于是，从广东开始，"八"就成了最吉利的数字。而这种"八"文化也快速扩展到了全国。

八拜之交：古代世交子弟对长辈的礼节，后世亦称异姓结拜兄弟，常用以比喻关系极为密切。

八德：中国封建社会表彰的八种德行，即孝、悌、忠、信、礼、义、廉、耻。

才高八斗：旧时比喻高才，典出宋代无名氏《释常谈》。"谢灵运尝曰：'天下才有一石，曹子建独占八斗，我得一斗，天下共分一斗。'"才高八斗一直作为赞颂语、夸赞语使用。

八卦图：中国古代的一套象征性符号，由三条长画或断画组成的八种图式，用于占卜、辟邪和象征。

八字：用天干和地支表示一个人出生的年、月、日、时的八个字，算命者认为从生辰八个字可推算一个人的命运。旧时还用于婚配中的算命，人们认为八字相合最吉祥，兆夫妻恩爱。

八抬大轿：我国封建时代大官坐的由八个人抬着走的大轿子，是身份重要的标志。

八仙图

八仙：传说中道教的八位神仙，即汉钟离、铁拐李、张果老、何仙姑、蓝采和、吕洞宾、韩湘子、曹国舅。在民间，八仙是重要的吉祥人物。一是有能耐，有法力，八仙过海，各显神通。二是能够成仙，故民间将每边可坐两个人的一种大方桌叫大八仙，矮方桌叫地八仙。三是普度众生，特别是为民众治病消灾。民间还有暗八仙的说法，即八仙用的法器，也具有相当的魔法。

八马：周穆王常驾八匹骏马四处游玩，相传曾在昆仑山瑶池与西天王母诗酒唱酬。故划拳常呼"八马""八匹快马"；人们也喜欢画八骏图。

八骏图

9.九

"九"为极数。朱骏声《说文通训定声》曰:"古人造字以纪数,起于一,极于九,皆指事也。二三四为积画,余皆变化其体。"故天的极高处为九霄,道教神仙在凌霄,皇帝位在九五之尊。"乾玄用九,乃见天则。"(《周易·文言传》)"九者,阳之数,道之纲纪也。"(《楚辞·九辩》)"天道以九制。"(《管子·五行》)民间还将与其谐音的"酒""韭""鸠"都当作吉祥语、吉祥物。

九宾:古代外交上最隆重的礼节,有九个迎宾赞礼的官员延引上殿。

九鼎:传说夏禹铸了九个鼎,成为夏、商、周三代传国的宝物,象征国家政权;帝王墓葬,也多以九鼎。现在用一言九鼎来形容所说的话分量很重,作用很大。

九九重阳:《周易》将天地万物归为阴阳两类,阴代表黑暗,阳则代表光明、活力。奇数为阳,偶数为阴。九是奇数,因此属阳。农历九月初九,月日均是九数,双阳相重,故名重阳节。重阳节过去又称登高节、重九节、九月九、茱萸节、菊花节等,有接出嫁女儿归宁的风俗,故又称"女儿节"。习俗有登高、赏菊、饮菊花酒、佩茱萸、吃重阳糕等。重阳还有辟邪的文化内涵。按阴阳五行说的解释,重九之日,地气上升,天气下降,天地之气交接,为避免接触不正之气,需登高避之。

南梁吴均《续齐谐记》则说:

> 汝南桓景随费长房游学累年。长房谓曰:"九月九日汝家中当有灾。宜急去,令家人各作绛囊,盛茱萸,以系臂,登高饮菊花酒,此祸可除。"景如言,齐家登山。夕还,见鸡犬牛羊一时暴死。长房闻之曰:"此可代也。"

于是,世人效仿恒景登山,插戴茱萸,饮菊花酒,以此辟邪除灾、延年益寿。

现时我国将九月初九定为敬老节。九九,因为与"久久"同音,九在数字中又是最大数,有长久长寿的含意,况且秋季也是一年收获的黄金季节,象征老有所获,老有所养,老有所乐,所以定九月初九为敬老节可谓适宜。

10. 十

《说文》曰:"十,数之具也。一为东西,丨为南北,则四方中央备矣。"十表示完备、齐全、达到极点,如十分、十足。民间用它比喻完美、圆满。

十全十美:清朝乾隆皇帝自诩文治武功,福禄寿俱全,自称"十全老人"。今人常理解为十分完美,毫无欠缺。

11. 万

民间常用它来表示多,千秋万代永远存在。构成的吉祥语有万岁、万寿无疆、万福、万古长青、万古流芳、万贯家财、万事如意、万象更新等。

12. 双

原来是禽鸟两只一对,成双成对、好事成双的意思。民间的吉祥语言有双栖双飞(指禽鸟雌雄同栖息,借喻夫妻形影不离)、比翼双飞(比喻夫妻恩爱)等。

(二)数字忌讳

数字忌讳本身也是对于吉祥意义的强调。

1. 杨公忌

据《无何集》云:"世俗多畏杨公忌,谓不宜出行,皆未悉其原委,故为所惑耳。今按其说,乃是'室火猪日'。其术元旦起角宿,依二十八宿顺数,值室即为杨公忌。"按照这样排列,杨公忌为:正月十三,二月十一,三月初九,四月初七,五月初五,六月初三,七月初一,七月二十九,八月二十七,九月二十五,十月二十三,十一月二十一,十二月十九。

至于杨公何许人也,已不可详考。

2. 忌单数

人们希望好事成双,所以给人送礼或礼金都忌单数。

因为"三"谐音"散",做寿和结婚忌讳带"三"的日子,祝寿、贺礼也忌讳这个日子。

"七",有的地方妇女忌讳这个数字,因为封建社会对妇女有"七出"的戒条,犯了七条就要被休;还有"七不出门,八不回家"之说。

3. 忌七十三、八十四

因为孔子卒年七十三岁,孟子卒年八十四岁,故民间有"七十三,八十四,阎王不请自己去"的说法。

第五章 吉祥语言的表现（上）

经过几千年悠久的传统文化的浸润，吉祥语言已经深深融入民众的生产生活。在现实生活中，吉祥语言表现在各个方面。主要有节庆吉祥语言、生活吉祥语言、交际吉祥语言、人生礼仪吉祥语言、信仰吉祥语言、生产吉祥语言、贸易吉祥语言等。

一、节庆吉祥语言

（一）新年吉祥语言

夏历正月初一的春节是中国古老的传统节日，它是我国历史最悠久、活动内容最丰富、礼仪最隆重、场景最壮观、食品最精致的一个传统节日，全国56个民族中，有53个民族都要举行隆重的庆贺仪式。

"春节"已入选中国世界纪录协会中国最大的节日，位居中国传统节日之首。2006年5月20日，"春节"民俗经国务院批准列入第一批国家级非物质文化遗产名录。

春节与人们的劳动生活及对未来的美好憧憬紧密相连，成为各族人民一年一度规模最大、时间最长的一次全国性吉祥语言大展览。

1．"过年"本身就是吉祥语言

据古书记载，"年"有过不同的名称，尧舜时叫作"载"，夏叫作"岁"，周才开始叫作"年"。"年"字来自农业，《说文》释为"谷熟也"。"年"字原是"稔"字的初文，是谷熟丰稔的意思。甲骨文中"年"字是果实丰收的形象；金文中"年"字也是谷穗成熟的样子。谷禾都是一年一熟。因此，过年以作物生长的一个周期为准而举行祭祀、庆贺活动，是人们农事习俗中的一部分，主要内容是祭祀鬼神祖先、庆贺丰收、祈求来年风调雨顺。

可见，"年"原是预祝丰收喜庆的日子，是和人类生产劳动的周期性一致的，都是地球周期性地围绕太阳公转的客观反映，更是先民祈求丰收的美好语言。

据《诗经》记载，每到农历新年，农民会喝"春酒"祝"改岁"，尽情欢乐，庆祝一年的丰收。到了晋朝，还增添了放爆竹的节目，即燃起堆堆烈火，将竹子放在火里烧，发出噼噼啪啪的爆竹声，使节日气氛更浓。到了清朝，更为热闹。富察敦崇《燕京岁时记》记载：

> 京师谓除夕为三十晚上。是日清晨，皇上升殿受贺；庶僚叩谒本管，谓之拜官年。世胄之家，致祭宗祠，悬挂影像。黄昏之后，合家团坐以度岁。酒浆罗列，灯烛辉煌，妇女儿童皆掷骰斗叶以为乐。及亥子之际，天光愈黑，鞭炮益繁，列案焚香，接神下界。和衣少卧，已至来朝，旭日当窗，爆竹在耳，家人叩贺，喜气盈庭。转瞬之间，又逢新岁矣。

民间还有一段古老的传说。太古时期，有一凶恶怪兽，形貌狰狞，生性凶残，人们称之为"年"。每隔365天的晚上，"年"就要出来伤害人畜，毁坏田园。每到此时，人们便聚在一起，用燃火、放爆竹等办法吓走它。久而久之，又加上了一些欢宴、娱乐、祭祀的项目，就成了过年的传统。

所以，"年""过年"，本身就是极具吉祥意义的重要事象。

2. 祭灶的吉祥话

（1）"二十三，糖瓜粘"

腊月二十三为祭灶日，俗称"过小年""小年""小年下""小年节"，主要活动是入夜祭灶，送灶神上天言事，称为"送灶""辞灶""醉司命"。

民间传说，灶王是玉皇大帝派到凡间监察人类善恶的神祇，也专管烟火，被人尊为"东厨司命""灶君（也写作'皂君'）""灶神""灶王"，俗以"灶王爷"称之，也称"灶王老爷""藏母老爷"。他每年要上天向玉皇大帝汇报一次，把一家人的善行恶行报告给玉皇，玉皇据此安

排来年这一家的善报恶报。

祀灶在晚间进行,人们通常把灶神画像(俗称"灶祃子")贴在锅灶墙上或厨灶后墙上、灶台上,两边贴对联:"上天言好事,回宫降吉祥""大矣哉一家之主,神圣乎五祀为尊""东厨司命财源主,北极奉天福禄神""灵光司火德,正气格天诞"等,上贴横批"一家之主"或"万户米盐皆入目"或"品居五祀首"。祭品一般为糖瓜(用麦芽糖做成)、糖饼、柿饼、果品、黏糕等甜的和黏的食品,意思是粘住灶王的嘴,不让他上天多言多语说坏话,或者是让他嘴甜,多言好事,故有谚曰"二十三,糖瓜粘"。武城等地干脆叫"涂神口",有的还在灶神嘴上或灶口粘上一块糖,也有在灶门抹酒、酒糟的,如曲阜、章丘等地,叫"醉司命"。民谣唱道:"灶王爷,腿儿弯,提里克拉(方言,走路磕磕绊绊的样子)上西天。我见玉皇诉诉苦,吃了糖瓜扒(方言,大口吃东西)杂面!"

(2)"上天言好事,下地保平安"

祭灶王有一定的仪式。祭品除糖瓜之类外,有的还供水饺、面条或用秫秸插成的灶鸡,并在烧纸前放一碗荤料。祭祀时举行欢送仪式,全家人跪拜叩首,烧掉灶王旧像和一匹纸马,老年人念诵的吉利话很多:"灶王灶王,你上天堂,多说好,少说歹,五谷杂粮全带来。"或说:"灶王爷上天,多讲好话,别讲脏话;保佑全家,平平安安。"那些迫切需要生儿育女的人家则说:"腊月二十三,灶王上西天,多说好来少说歹,马尾巴上带个胖小子来。"长岛一带说:"灶王爷上西天,多带银子下来过新年,上天言好事,下地保平安。"临清一带唱:"腊月二十三,灶王爷上西天,蒸个黏窝窝,给你把嘴粘。光说媳妇贤惠,别说抛米撒面;早去早来,给新嫂子带个小来。"费县有些老人唱得比较长:"灶君王,灶君王,依着锅,靠着墙。锅里做的稀米饭,顿顿饭来你先尝。一年一回腊月二十三,一年一回上天堂。上天骑着白玉马,上天堂里见玉皇,打着公事拜两行。多说好言语,少说不良话,保着六月下大雨,保着穷苦人家多打万石粮。

打的谷子少出糠，保得当家人欢欢乐乐上房坐，锅头保着裙钗女，裙钗女保着牛和羊。"

3. 扫尘的吉祥语

"腊月二十四，掸尘扫房子。"每临春节，家家户户都要擦洗家具，拆洗被褥，开展一次卫生大扫除，干干净净迎新春。按民间的说法，因尘与"陈"谐音，新春扫尘有"除陈布新"的含义，其用意是要把一切穷运、晦气统统扫出门。

除尘图

民谚云："二四扫房屋，二七、二八贴花花。"就是说，从腊月二十四开始，到年终，均为"扫年"的时间。"扫年"的风俗，反映了我国劳动人民爱清洁、讲卫生的传统。

除尘的同时，还要置办年货，以辞旧迎新。买鸡鱼肉、海带、粉皮、木耳、银耳，炸丸子，烙煎饼，蒸饽饽（馒头）、年糕、枣山、米面，做豆腐，祈求年年高、全家福。鲁中则做"团圆饼"，鲁东、鲁南地区还做"合菜"，就是用粉丝、胡萝卜丝等凉拌而成，红白绿相间，鲜美可口，象征和睦。要新添置碗筷，取增添人口之意。要购年画，请财神、门神、灶爷像，请人写对联，买爆竹、香、烧纸（也叫"火纸"），给孩子买气球、皮球、摔鞭、哗啦棒槌、拨浪鼓等玩具和糖果、瓜子等"吃头"。年货里，必须有肉。乡下人割肉无须赶集去买，本庄常有人家将自养的肥猪现杀现卖。这些年货，均有吉祥含义。

4. 剪窗花与贴"福"字

剪窗花：春节贴在窗户上，以烘托年的喜庆气氛。窗花以其特有的概括和夸张手法将吉祥事物、美好愿望表现得淋漓尽致。

贴福字：在屋门上、墙壁上、门楣上贴上大大小小的"福"字。

过去民间还有"送福""送财神"风俗。乞讨者借春节人们求吉利的心理，到各家门户卖"福"字和年画，叫"送福""送财神"。尽管价格高，但是为了讨吉利，也是出于同情，各家一般都会很痛快地买下。

民间还有关于贴"福"字的传说。贴"福"字据说是为了躲避姜子牙的老婆"穷神"。姜子牙是齐国的开国者，他封神的故事在民间广为流传。他老婆在他封神的时候也想要一个职位，他就让他老婆当了穷神，"走到哪庄吃哪庄"。贴上"福"字，就没有她就位的机会了。倒贴"福"字的由来据说与马皇后有关。说朱元璋当了皇帝，为了图热闹，便让家家门上都贴"福"字。其中有户人家不识字，竟把"福"字贴倒了。第二天，皇帝派人上街查看，发现此事，大怒，命令御林军将其满门抄斩。马皇后忙对朱元璋说："那家人知道您今日来访，故意把福字贴倒了，这不是'福到'的意思吗？"皇帝一听有道理，便下令放人。从此人们便将福字倒贴，一求吉利，二为纪念马皇后。

改革开放以来，政府倡导、文化部门全方位实施的"文化三下乡"、扶贫、民心工程，产生了不少有关春联的新民俗。在很多城镇，许多民间团体，都组织当地书法家在广场、街道上为市民写、送春联；一些企业也借机组织职工书法协会会员举办迎新春送春联、春联大赛、征集新对联等活动。这些春联不仅保持了传统春联的红火、热闹、喜庆特色，剔除了陈腐庸俗的内容，还加入了新时代积极向上的气息，以公民道德建设、良好社会风尚为主题，歌颂华年盛世、国泰民安，祝福美好生活。一些商业行为也使春联出现新气象。金融系统、各大公司和社会窗口服务部门、社区服务机构、很多商家也开展对市民、村民年集、市场、商厦送春联活动。

民间还有将"福"字精描细做成各种图案张贴的，图案有寿星、寿桃、鲤鱼跳龙门、五谷丰登、龙凤呈祥等，在市场、商店中均有出售。

5. 年画的美好愿想

年画是我国一种古老的民间艺术，反映了人民朴素的风俗和信仰，寄托着他们对未来的希望。

老年画

和春联一样，年画也起源于门神画。但随着木板印刷术的兴起，年画的内容已不仅限于门神之类单调的主题。主题主要有"福禄寿三星""天官赐福""五谷丰登""六畜兴旺""迎春接福"等；还有很多美人画、戏剧故事画、风光风景画等，以满足人们喜庆祈年的美好愿望。

我国年画主要有三个重要产地：苏州桃花坞、天津杨柳青和山东潍坊杨家埠。这三个产地分别代表了中国年画的三大流派，各具特色。

6. 燃放爆竹的平安理想

民间有"开门爆竹"一说，"鞭炮一响，黄金万两"。在新的一年到来之际，家家户户开门的第一件事就是燃放爆竹，在噼噼啪啪的爆竹声中除旧迎新。

爆竹是中国特产，亦称"爆仗""炮仗""鞭炮"。《荆楚岁时记》记载："正月一日，鸡鸣而起，先于庭前爆竹，以避山臊恶鬼。"此处说的是爆竹的驱邪功用。据《神异经》记载，"山臊"是可以令人得寒热病的鬼魅，最害怕鞭炮。

后来，放鞭炮成为过年的一项娱乐活动。再后来，爆竹的应用越来越广泛，品种花色也日见繁多，每逢重大节日及喜事庆典、婚嫁、建房、开业等，都要燃放爆竹以示庆贺，图个吉利。

7. 守岁的祝愿

守岁也叫"年五更"。《东京梦华录》记载："是夜禁中爆竹山呼，声闻于外。士庶之家，围炉而坐，达旦不寐，谓之守岁。"除夕夜，人们围在火盆旁，喝水、说吉利话，小儿吃长生果、枣、栗子，谓之长生、起得早、有力气。长辈往往讲故事，说笑话，让孩子们猜谜语，以便守岁时驱逐睡魔。孩子最兴奋的是守岁有压岁钱。子女拜长者，长者给子女守岁钱，叫"分岁钱"，也叫"压腰钱"。

旧时还有"撒岁"与"踩岁"习俗，即把芝麻秸或豆秸撒在院里，孩子们用脚去踩，使之噼啪作响，并唱："东撒岁，西撒岁，儿成双，女成对，白妮胖小，都往家跑。""岁"与"祟"谐音，此项活动意在把邪祟撒出去，并踩在脚下，但也有说是防止穷神（姜子牙的老婆）进院的。有些地方把芝麻秸放在墙缝中，置于床榻下，也有按岁系钱或系芝麻壳子于衣带上的。

旧时守岁还有很多习俗。邹县有用擀面杖捣鼠洞的习俗，据说年夜是老鼠娶媳妇的时刻，人们边捣边说："戳达戳，戳达戳，十个老鼠九个瞎，还有一个不瞎的，也要叫我戳达瞎。"枣庄等地还有年夜观天卜丰歉的习俗，即让孩子到院里，看看东方天空呈什么颜色，白则麦子丰收，红则高粱丰收，黑则五谷歉收；曲阜也有民谣曰："岁朝宜黑四边天，大雪纷飞是旱年。最好立春晴一日，农夫不用力耕田。"

守岁要讲吉利话，"大年五更死了个驴，不好也要说好"；禁止高谈阔论、喋喋不休，禁止呵斥孩子，更不得骂人打人，还不得高呼孩子的小名，否则就是对祖先不敬，破坏了祥和气氛，或被门外游魂听到，降祸招祟。一定要小心不得打碎碗盆，如果不慎打碎了东西，要悄无声息地扫除，扔到井里，即使遇到熟人问话，也不准张口说话。有的地方把打碎东西说成"卖了"，以讨"换了钱"的口彩。

8.正月初一大拜年

（1）开门歌。大年初一即新年的第一天,古称元旦、元日、上日、朔日、元正、正日,也称三元、三朝,后世称元旦。旦,晨也。迎新的仪式大多从子时开始。泰安一带初一开门时还有开门歌:"大年五更新开门,门里门外是财神:大门外头摇钱树,大门里头聚宝盆。摇钱树上拴海马,聚宝盆里长麒麟。马驮金,驴驮银,骡子驮钱进大门。"

（2）发纸祃。大年初一第一项主要活动内容是祭祀,祭天地诸神、祖先,俗谓"发纸祃""发祃子""发纸"。老人们一边敬天地诸神,一边还要默念:"大年初一天气寒,多拜老天一整年。金香炉,银供桌,两把烧香往上搓。五个供,五个馍,五碗干菜随和着,满堂儿女把头磕。"泰安有上供歌:"大年五更地里寒,灶王老天整一年。金香炉,玉石桌,五碗供,三盘馍,五碗扁食（即水饺）往上托。先烧元宝后烧纸,大男小女把头磕,南无弥陀佛。"供品除了水饺、三牲之外,人们还用白面做成动物、瓜果、蔬菜等样式的蒸馍,并刷上各种颜色,称之为"花供"。

（3）拜年。吃完水饺,接着便是拜年。大清早,大人小孩,男男女女,穿上最漂亮的新衣,出门拜年、"夸新",尤其是姑娘媳妇们,三五成群,花枝招展,争奇斗妍,头插绢花、扎红布绳,以示红火。人们先拜长辈,后拜四邻,长辈把备好的压岁钱分给晚辈们。

农村一般家拜是自家人中小辈给长辈磕头。民间有"大年下的头,马虎不得"的说法。小辈磕头时,口中要高呼被拜人的尊称:"奶奶,我给您磕头了!"一人一拜,即不能一次呼两位长者的尊称,不能给两位长者同时磕头,也不能两人同时给一位长者磕头。这叫"大年下的头,一个磕了一个磕"。家拜后再给本村未出五服的长辈拜年。进院要先拜神祖或家谱,然后再给长辈磕头。这叫"近拜"。还有远拜,即本村亲朋好友之间的互相拜年。只拜人,不拜祖。单位则是团拜,同事三五成群,到领导家中拜年。《白雪遗音·新春元旦》曾

生动地记叙过清代历城这种热闹喜庆的场面："新春元旦，斗柄回还，太平一统过新年，门神对子贴上边。富家郎，衣帽整齐，只把那袍套换；俗人们，见节提筐挎篮，他卖的是瓜子花生玉兰片；小人们，见节挣的代岁钱，挣了钱来买点耍货玩，他买的琉璃喇叭小鼓当竹马，鬼脸拈拈转。到晚来，乒乒乓乓连声响；临明时，来来往往把礼还，这个说恭喜，那个说岂敢，新春吉庆，大发共财源。"民间艺人也开始走街串巷，进行演出，如耍杂耍、踩高跷、跑旱船、舞龙灯，挨村挨街拜年。

随着时代的发展，拜年的习俗亦不断增添新的内容和形式。现在人们除了沿袭以往的拜年方式外，又兴起了电话拜年、短信拜年、微信拜年和发红包拜年等方式。

9.送穷

旧时还有送穷的习俗。正月初六送穷（一说正月初五），是我国古代民间一种很有特色的岁时风俗。其意就是祭送穷鬼穷神。送穷文、送穷的歌谣，都有吉祥意义。蒲松龄就写过自嘲的《除日祭穷神文》：

穷神，穷神，我与你有何亲，兴腾腾的门儿你不去寻，偏把我的门儿进？难道说，这是你的衙门，居住不动身？你就是世袭在此，也该别处权权印；我就是你贴身的家丁、护驾的将军，也该放假宽限施施恩。你为何步步把我跟，时时不离身，鳔粘胶合，却像个缠热了的情人？

穷神，自从你进了我的门，我受尽无限窘，万般不如意，百事不称心，朋友不上门，居住在闹市无人问。我纵有通天的手段，满腹的经纶，腰里无钱难撑棍。你着我包内无丝毫，你着我囊中无半文，你着我断困绝粮，衣服俱当尽，你着我客来难留饭，不觉的遍体生津，人情往往耽误，假装不知不闻。明知债账是苦海，无奈何，上门打户去求人，开口五分行息，说什么奉旨三分，到限期立时要完，不依欠下半文。无奈何，忍气吞声，背地里恨。自沉吟：我想那前辈古人也受贫，你看那乞食的郑元和，休妻的朱买臣，住破窑的吕蒙正，锥刺股的苏秦，我只有他前半截的遭际，哪有他后半截的时运？可恨我终身酸丁，皆被你穷神混！难道说，你奉玉帝敕旨，佛爷的牒文，摆下了穷神阵把我困？若不然，那膏粱子弟，富贵儿孙，你怎么不敢去近？财神与我有何仇？我与足下有何亲？您二位易地皆然，我全不信。今日一年尽，明朝是新春，化纸钱，烧金银，奠酒浆，把香焚，我央你离了我的门，不怪你弃旧迎新。①

从中我们看到，千百年来，民众对于贫穷的无可奈何，以及摆脱贫困的急切与渴望。

10. 春节美食的吉祥语

（1）年年高。在民间，过年蒸年糕是必须的。因为年糕谐音"年高"，所以就成了春节家家必备的应节食品。年糕用黄黏米做的，象征黄金；用白黏米做的，象征白银。

（2）招财进宝。除夕夜叫团圆夜，北方家家吃饺子，南方家家吃汤圆。饺子的"饺"和"交"谐音，"合"和"交"又有相聚之意，所以用饺子象征团聚合欢；又取更岁交子之意，非常吉利。此外，饺子因为形似元宝，过年时吃饺子，也带有"招财进宝"的吉祥含义。

（二）元宵吉祥语

正月十五为元宵节或灯节，古称上元节、元夕节。民间正月十五闹元宵，这是农历新年的高潮，也是一年最热闹的时候。

《岁时杂记》记载说，道教把正月十五称为"上元节"，七月十五为"中元节"，十月十五为"下元节"。汉明帝为了提倡佛教，敕令在元宵节点灯，以表示对佛教的尊敬。这是元宵节放灯的起源。

---

① 蒲松龄：《蒲松龄集》，中华书局，1962，第1743页。

庆赏元宵年画

元宵有燃灯之俗，人们闹花灯、挂花灯、上灯敬祖、玩花灯、跑花灯、看花灯、蒸面灯、做十二属相灯、刻萝卜胡萝卜灯……，除了热闹之外，还因灯谐音"丁"，喻人丁兴旺，有祈子之吉祥意，故元宵节又叫"灯节"。

1. 卜丰歉。旧时多以灯卜丰歉，灯节为十四、十五、十六三天，十四主麦，十五主谷，十六主豆，民间有"正月十五雪打灯，当年有个好收成"的说法。"民国"时期规定，十四试灯，十五正灯，十六残灯，这一习俗在山东德州、淄博等地一直保留，一般地区只限十五一天。

2. 放灯。元宵节的主要活动是放灯。山东各地的灯种类繁多，各具特色。以制作材料而论，主要有面灯、萝卜灯和彩灯三类。面灯，也叫面盏。民间有十五蒸灯的风俗，灯用白面或豆、米面捏制。有生肖灯，兔、牛、猪、蛇等，栩栩如生，以之寓人丁兴旺；有岁灯，按家中长者年龄捏制，以祈寿；有月灯，捏12个，代表12个月，以卜水旱，一月的面灯在周边捏一个鼻，二月的捏两个鼻，依次类推。捏完后，将其摆入蒸笼中，蒸熟后马上出锅，看哪一个灯盏水气大、水多，哪一个月的雨水就多，这叫"试灯"。此外，还蒸三个大面灯，用蒿草秆缠上棉绒插入中央为芯,注入香油或花生油,放在供桌上,然后看烬花,如果成颗粒状,就代表今年收粮食,旧叫"灯花卜"。在蒸灯时,也蒸面虫(就是盘龙形状的面点,谓之神虫、圣虫、面虫)或面蚕,以卜桑蚕事。

萝卜灯系用萝卜做成的灯。沂蒙山区一般将萝卜、胡萝卜洗净,截成段,挖个坑,插入灯芯,注入油而做成灯。点燃时,先将灯芯用棉花松松地缠裹,以便上油;然后在灯芯上面放上一块绵纸,点燃绵纸,引燃灯芯。这种灯主要用作散灯、放灯和送灯。所谓散灯,就是在供桌上点燃、祭祀后,分放到门槛、窗台、锅台、畜栏、井、碾、磨等各处。所谓放灯,也叫舍灯,就是让男孩们提着满筐的灯,走到哪放到哪,如街上、山上、路上、河中等。这天的村内村外,灯火明灭,煞是好看。所谓送灯,就是在傍晚到祖坟前、庙宇前送灯。端灯时,往往互照脸庞,还要照屋内外各个角落,边照边说:"辣萝卜灯,照毒虫,照得毒虫不敢行。"意指元宵灯光为吉祥之光,可以驱妖辟邪除百病。滨州博兴农村"照灯"的习俗是,男孩提灯围枣树转六圈,同时念六遍"嘟佬嘟佬,开花结枣",人们认为这样就能让枣子丰收。

3. 偷灯。民间因为"灯"与"丁"谐音,就有了许多以灯祈子的风俗。有的久婚不育,盼望孩子们前来送灯;有的到人丁兴旺的家庭讨灯,甚至出现了"偷灯"的习俗,就是未生育家庭偷走人丁多的家里挂着的、摆放的灯。曲阜旧时习俗,女子婚后三年不生者,到街上偷面灯吃,一般偷刘姓("刘"

看花灯年画

谐"留"，留住孩子）和戴姓（"戴"谐"带"，怀上孩子）家的灯，民谣曰："偷刘家的灯，当年吃了当年生；有了女孩叫灯哥，有了男孩叫灯成。"

（三）二月二吉祥语

"二月二龙抬头。"二月二因为在我国各地的风俗活动不同，又有花朝节、踏青节、挑菜节、春龙节、青龙节、龙抬头日之称。许慎的《说文解字》记载："龙，鳞虫之长，能幽能明，能细能巨，能长能短，春分而登天，秋分而潜渊。"

二月二峄山庙会

二月二此日有引龙、打囤、煎饼熏虫、击梁辟鼠、炒豆报捷等风俗。

1. 引龙。引龙也称"引钱龙""引龙迦""引龙填仓"，曾经盛行一时。在二月二这天，人们把灰从大门外蜿蜒撒入厨房，然后围水缸一周，谓"引龙"。引龙一是表示增加财富，二是让惊蛰后各种害虫都不敢出来。郓城、临朐一带还在房子周围撒一圈草木灰，称之为"打围墙"，据说可以防止水兽进宅子，以防水患。引龙时，人们在屋内用灰撒出一个代表钱柜的正方形，老太太边用木棒敲打门砧、门框边唱吉祥歌："二月二，敲门砧，金子银子往家滚；二月二，敲门框，金子银子往家扛。"此风俗后多被打囤所替代。

2. 打囤。打囤也叫"打灰囤""围仓""围仓囤"，即用过年（春节）当天或过年以后正月十五日以前烧成的草木灰在场院、院落内撒成若干仓形的图案。二月二的清早，一家之主用簸箕盛灰，以木棒轻敲簸箕边沿，使灰慢慢落地成一寸半宽的灰线，边打边走，撒成一个圆圈的形状，名"囤"或"仓"，然后在囤仓里再放些许五谷杂粮，寓意五谷丰登。也有先挖一小坑，再放入粮食的，小坑象征粮仓，上覆石、砖、瓦，第二天看哪种粮食先发芽，就寓意今年丰收什么，人们就多种这种粮食。招远、单县、沂水等地还在灰囤外沿撒出梯子形状，叫"竖梯子""上粮"；曲阜撒围成环讲究大圈套小圈，多至五圈，并围单不围双，最内圈放粮食，以物覆之，三天后取出；泰安则叫"打簸箕"，围房宅外周遭撒一圈灰，寓意一家人团结和气，期望五谷丰登，生活顺畅。撒灰围囤时，也撒些在院落墙根下，边撒边说吉祥歌谣："二月二，撒青灰，蝎子蚰蜒死成堆。"

3. 熏虫与吃蝎子爪。人们用正月留下的年糕煎成饼状吃，叫"煎糕熏虫"，也可煎一般面饼；在这天敲敲房梁惊吓老鼠，就叫"击梁辟鼠"。有些地方还敲房梁、床边或瓢以辟虫，边敲边说吉祥话："二月二，敲房梁，蝎子蚰蜒无处藏"；"二月二，敲瓢碴，蝎子蚰蜒双眼瞎"。

吃蝎子爪就是炒蝎虫，又叫"炒蝎子爪"。"炒蝎豆"，即炒黄豆粒，有甜的，有咸的。甜的是因为沾上了糖面，咸的在盐水中泡过，香脆可口。在山东，鲁西南管"炒蝎豆"叫"炒料豆"，潍县、莱州等地称"报捷"，谐音"爆蜇"，据说吃后一年不被蝎子蜇。孩子们边吃边唱吉祥歌谣："吃了蝎子爪，蝎子不用打。"泰安则以为豆粒似虫卵，炒了吃，虫死人安，谓之"吃虫"。

4. 龙抬头。在山东，各地还有很多与"龙抬头"相关的活动，每个活动都具有吉祥意义。郓城家家户户把石磨的上扇支起，叫"龙抬头"，可以"细雨下得满地流，一年吃穿不用愁"。威海等地早起蒸糕，以祝春龙起蛰。滕州蒸馒头，叫"蒸龙蛋"；吃面条，叫"吃龙须面"。有的地方吃饼，叫"吃龙鳞饼"；吃菜团子，叫"吃龙蛋"。曲阜等地则吃大包子，不吃面，不喝小米饭，因为人们认为面条是龙须，小米是龙蛋，吃了怕影响龙，也有的说吃面条会"抽龙筋"。海阳等地用白面或豆面蒸作小龙，谓之"神虫"，放在粮囤、面缸中，祈取之不尽。威海、龙口以成串的圆形色布挂于小孩帽子上，谓之"小龙尾"。

因为有正月不理发的习俗，所以人们多在二月二这天理发，儿童也在这天入学，吉祥说法叫"二月二，剃龙头"，寓意占鳌头，图吉利。这一天给儿童们理发，寓意孩子学习好，出人头地，表达了父母望子成龙的愿望。

5. 劝耕励农。旧时二月二这天皇帝要耕田，到先农坛内耕地松土，起"劝耕励农"的作用。过去曾有一幅年画，叫《皇帝耕田图》，画上还题了一首打油诗："二月二，龙抬头，天子耕地臣赶牛。正宫娘娘来送饭，当朝大臣把种丢。春耕夏耘率天下，五谷丰登太平秋。"这幅画也说明人们希望有一个开明的皇帝，能够亲自春耕夏耘，使老百姓丰衣足食。

皇帝耕田年画

6. 祭龙神。在过去，龙抬头的日子是祭祀龙神的日子，每年的这一天，人们都要到龙神庙或水畔焚香上供祭祀龙神，说一些吉祥话，祈求龙神兴云化雨，保佑一年五谷丰登。

7. 庆祝土地神的生日。在很多地区，特别是南方，人们还把二月初二作为"土地公生日"，举行社祭，祭祀土地神。伴随着祭祀，要祷告一些吉祥话，有些地方还要请师公献上成篇的诗文表达人们的尊敬。

以上这些仪式都与春耕春种即将开始有关。海阳等地，试犁前，扶犁人先礼拜犁具，并唱喜歌："犁破新春土，牛踩丰收亩；春种一粒粟，秋收万颗籽。"然后牵牛到田间象征性地耕一耕。龙口一带的风俗，是二月二起农作，择日试犁。

（四）清明吉祥语

清明节是中国重要的传统民俗节日之一，2006年被列入第一批国家级非物质文化遗产名录。清明本来是节气名，为二十四节气之一，是我国传统节日中唯一一个节气和节日合为一体的。

寒食、清明本为两个节日，现在大多地区合二为一，一般叫清明，也有叫寒食的。清明这天，有禁火冷食、扫墓、插柳、踏青、打秋千、放风筝等多种活动，每种活动都有大量与之相关的吉祥语言。

插柳迎清明图

1.插柳、戴柳。旧时,寒食这天会断火,次日宫中有钻木取火、皇帝送大臣带火柳棍的仪式,故民间也多以柳条互相取新火,后把柳条插在门前,以示新火已赐。山东各地现在都有插柳条、柏枝的习俗。在清明节前一天的傍晚,折回柳条、柏枝,清明一早,把柳枝配以柏枝,大者插在石磨眼里,小者插在门口、窗口的屋檐上,据说可堵住天眼、屋眼,防毒虫进入。临沂一带还有用柳条、柏枝象征性抽打蝎子的习俗,一边在墙壁等处轻轻抽打,一边念叨吉祥话:"一年一个清明节,柳枝单打青帮蝎。白天不准门前过,夜里不准把人蜇。"但也有说插柳是为了纪念介子推的。有些地方则以为"清明不插柳,死了变黄狗";还有的地方戴柏枝帽,以为戴上会长生不老。

在山东烟台一带,还用面粉和着枣泥,捏成燕子的模样,用杨柳条串起来,插在门上,召唤介子推的灵魂,叫"子推燕"。在山东,清明这天即墨吃鸡蛋和冷饽饽,莱阳、招远、长岛吃鸡蛋和冷高粱米饭,鲁南吃单饼、鸡蛋、麦仁或玉米仁稀饭,泰安一带吃煎饼卷野苦菜,吉祥语说"吃了眼睛明亮"。

2.扫墓添土。到唐代,唐玄宗定寒食扫墓为当时"五礼"之一,扫墓遂成为社会重要风俗。扫墓给坟茔添土加固,也有整套的吉祥语言念叨。男主人扛一张锨,带点压在坟头的纸钱,给坟墓添上些新土,说是给祖先修屋,以防夏季雨大漏水。因此,又把扫墓叫作"添土",说"一百五,添坟土"。坟地远的,可以在节前两天进行,近者,一般在清明一早进行。诸城一带在节日前一天的下午进行,而龙口、博兴等地却在前四天扫墓,谓之"新、旧、百、寒、清"。

3.踏青、郊游。清明节风和日丽,草长莺飞,红男绿女,三五成群，头戴、手拿柳枝，到村外山野或名胜古迹游玩，叫"踏青"，吉祥语谓"清明踏了青，不害脚疼病"。

4. 打秋千。据《事物纪原》记述，打秋千源于汉武帝，为其后庭之戏，原本为"千秋"，后为了避讳，倒读为"秋千"。

各地皆有打秋千的风俗，有两种秋千需要重点提一下。一种叫"转秋千"，形状像一把去了伞衣而撑开的伞架，一般一个村庄或几个村庄扎一个；另一种是"月秋千"，因提前一个月就要扎制而得名。此类秋千竖两根粗壮立柱，加两对交叉的托梁柱，下端深埋在土中，或选取宽敞地方的

明代荡秋千图

两棵大树作立柱，其上结实地绑扎粗壮横梁。拴秋千粗绳的环子用粗腊条圈，穿套在梁上，叫"拘"或"拘夹子"，下面吊着两条粗壮的绳索，绳索下垂距地面半米，穿上秋千板，用以踏坐。打秋千的一般为女性，有种说法叫"女人的清明男人的年"。吉祥话有"悠一悠，去百愁""悠一悠，不发愁""悠一悠，长一头"等。

5. 放风筝。清明时节，北方放风筝的习俗很普遍，放风筝以潍坊最出名，潍坊号称"风筝之都"。风筝图案多种多样，有的是牛郎织女，有的是大红灯，有的是韩湘子大花篮，有的是金鱼银鱼双双对，有的是金鸡领五子，有的是花蝴蝶，每种都有吉祥含义。

十美图放风筝

6. 饭牛。很多地区有清明"饭牛"的风俗，即煮上一锅小米干饭让牛饱餐一顿，以犒劳它一年的苦劳。有的地区也用稀饭、玉米饼子喂牛、马、驴，吉祥话曰"打千骂万，清明一饭""打一千骂一万，熬到清明喝稀饭"。长岛又说这天是"驴生日"，此日必吃高粱米稠粥，饭熟时先盛一碗喂驴，故歌谣有云"打一千骂一万，忘不了清明这碗饭"。

7. 卜农事。人们还以清明天气卜农事、丰歉。如"三月寒食不见花，二月寒食罢了花"，是说寒食越早，农事越应提前。清明天气好，则是好年景，"清明晒干柳，一棵秋秋打一斗"；清明有南风，则"夏秋好收成"；清明湿了乌鸦毛，则"今年麦子水里捞"，打麦时阴雨绵绵；清明刮了坟上土（刮大风），则"哩哩啦啦四十五"，要连旱四十五天。

（五）端午吉祥语

农历五月初五，是端午节。"端"即事物的边缘或开始的意思；"午"是十二地支之一，由于"五"与"午"同音，这样五月五就作为"端午节"了，又因为"午月"和"午日"两个"午"字重复，所以又叫"重午"。古人常把"午时"当作"阳辰"，于是端午又谓"端阳"。端午节还有许多别称，如午日节、重五节、五月节、浴兰节、女儿节、天中节、地腊、诗人节、龙日等。

关于端午节的由来，说法甚多，诸如纪念屈原说、纪念伍子胥说、纪念曹娥说、起于三代夏至节说、恶月恶日驱避说、吴越民族图腾祭说等。

一般说法认为端午节主要是为了纪念战国时楚国人屈原。屈原死后，楚国百姓哀痛异常，纷纷涌到汨罗江边，以龙舟竞渡、吃粽子来纪念爱国诗人屈原。但在山东，过端午被认为是为了纪念秃尾巴老李。秃尾巴老李被山东境内民众视为神龙，在齐鲁大地上有几十处故乡。据《子不语》记载：

山东文登县毕氏妇，三月间沤衣池上，见树上有李，大如鸡卵。心异之，以为暮春时不应有李，采而食焉，甘美异常。自此腹中奉然，遂有孕。十四月，产一小龙，长

二尺许,坠地即飞去,到清晨必来饮其母之乳。父恶而持刀逐之,断其尾,小龙从此不来。

后数年,其母死,殡于村中。一夕雷电风雨,晦冥中若有物蟠旋者。次日视之,棺已葬矣,隆然成一大坟。又数年,其父死,邻人为合葬焉。其夕雷电又作。次日,见其父棺从穴中掀出,若不容其合葬者。嗣后村人呼为"秃尾龙母坟",祈晴祷雨无不应。①

山东民间传说,他长大以后,常幻化成人形,帮乡亲们干了很多好事,乡亲们亲切地呼他为"秃尾巴老李"。后来去了关东,与霸占黑龙江作恶多端的白龙争战,打败了白龙,使黑龙江两岸人寿年丰,百姓便把他留在了黑龙江。传说,秃尾巴老李极重乡情,只要有山东人行船过渡,黑龙江总是风平浪静。故黑龙江船渡均问:"船上有没有山东人?"不论有无均要回答"有"。

这个典故,使得"山东人"三字,成了吉祥语。从中可看出山东人闯关东的许多文化含义。

古代人们认为五月五日为恶月中的恶日、阴阳交错之日,多瘟疫病鬼毒气,其日生子害父,生女毒母。战国时南北方均盛行端午避邪驱鬼祈福禳灾的活动。从端午节人们的活动内容上看,似乎仍主要是驱邪避恶:插菖蒲艾草、佩香囊、赛龙舟、涂雄黄、饮雄黄酒、吃五毒饼与粽子等。

1. 端午插艾

艾,又名家艾、艾蒿。它的茎、叶都含有挥发性芳香油。它所产生的奇特芳香,可驱蚊蝇、虫蚁,净化空气。中医学上以艾入药,有理气血、暖子宫、祛寒湿的功能。针灸里面的灸法,就是用艾草作为主要成分,放在穴道上进行灼烧来治病的一种方法。《荆楚岁时

---

① 袁枚:《子不语》,天津人民出版社,2016,第25页。

记》载："采艾以为人形，悬门户上，以禳毒气。"鄄城、曲阜吉祥谚语云："端午不插艾，死了变个大鳖盖。"除了插艾外，在山东泰安和胶东部分地区还加插避邪的桃枝，德州还加挂驱鬼的葫芦。诸城一带，还用束艾抽打屋内旮旯，边打边说吉祥语："今日端午节，蝎子你听着，只许你墙上爬，不许你把人蜇。"德州的男女要戴艾，吉祥语云："端午不戴艾，死了变成猪八戒。"沂蒙山区在床上铺艾，以驱蚊虫。村妇用香药（中药店以白芷、山柰、艾叶配成）缝成精致的香荷包，送给小孩、亲人，挂于纽扣之上，据说可避瘟祛邪。

2. 喝雄黄酒

吉祥语曰："饮了雄黄酒，百病都远走。"江浙一带喜欢喝雄黄酒，据说雄黄酒有杀菌功能，儿童不能喝酒，便在耳朵和鼻孔里抹一点。山东招远、诸城一带的妇女儿童，也习惯以雄黄酒涂抹耳鼻，意在驱邪防病。

还有许多地方撒雄黄、龙黄（即硫黄）于屋内墙角、窗台、食物贮存处及厨房，以熏蛇、蝎等毒虫。

3. 戴五索

很多地方在端午这天都给儿童的手脖、脚脖或手指缠上五色线，叫作"长命缕""拴命线""五丝"，旧称"五索"。日照则缠"七色线"，从缠上之日起，到节后的第一次下雨，才能解下来扔到雨水中。临清给七岁以下的男孩戴"符"（"符"是用麦秸做的土项链），吉祥语曰："端午不戴符，死了变成小牛犊。"给七岁以下的女孩戴石榴花，吉祥语曰："端午不戴花，死了变成癞蛤蟆。"诸城一带还有的给孩子戴五毒兜，在兜上画蝎子等五种毒虫，意在以毒攻毒，确保孩子健康。临清的小孩在端午这天都要穿上黄布鞋，鞋帮上用毛笔画上蝎子等五种毒虫的形象，意在使儿童免受毒害。

4. 包粽子

东汉以前，人们吃的粽子又叫"角黍"。晋周处《风土记》曰："仲夏端午，烹鹜角黍。又以菰叶裹粽黍米煮之，状似尖角，故名角黍。"

人们用芦叶、竹叶、桲椤叶等包粽子，当作一种时令食品。吉祥话有"食过五月粽，寒衣收入柜""未吃五月粽，寒衣不敢送"，意思是粽子一出现，季节便转入夏季。

粽子有各种口味的，甚至还有肉粽子。山东民间做的都是甜粽子，中间包着许多干枣，又称"枣粽子"。其中，白米粽子是用糯米做的，黄米粽子是用黍做的。粽子多用宽苇叶包裹。鲁西南山区则用桲椤叶包粽子。桲椤，即槲树，叶厚、宽大，椭圆形，有清香味道。莱阳南乡以白面包黄米蒸食以代粽子，名为"银包金"。

（六）乞巧吉祥语

七月七日是乞巧节，书面语称"七夕节"。民间传说七夕节为牛郎织女双星鹊桥相会之日，是女孩子们的节日。节日活动的内容以乞巧为主，故称"乞巧节""少女节""女儿节"。在这一天，妇女们穿针乞巧，祈祷姻缘美满，礼拜七姐姐。

2006年5月20日，七夕节被国务院列入第一批国家非物质文化遗产名录。

1. 七夕的吉祥内涵

七夕乞巧的习俗起源于汉代。东晋葛洪的《西京杂记》载："汉彩女常以七月七日穿七孔针于开襟楼，人俱习之。"汉《淮南子》载："乌鹊填河成桥而渡织女。"后来，又加入乞富、乞寿、乞子等内容，但仍以乞巧为主。

"七夕"最早来源于人们对星宿的崇拜，被赋予牛郎、织女二星浪漫又悲伤的爱情故事。牛郎织女隔河相望，只有每逢七月初七，人间的喜鹊飞上天去，在银河搭鹊桥，二人才能一会。

2. 乞巧的吉祥语言

乞巧，是指在七夕这天，女子们用瓜果祭牛郎织女，向织女求巧工，祈望能像她那样巧于女红，织出云朵般的锦绣，有一流的刺绣、缝纫技术。

乞巧的方式有很多。有穿针乞巧，即以五彩丝穿九尾针，先完者为得巧,迟完者谓之输巧。有投针验巧,即七夕的前一天先准备一个面盆,把白天取的水和夜间取的水混合,放在天井中静置一夜。第二天,经过太阳的照射,水面形成一层薄膜,把针轻轻平放水面,针不会下沉,水底会出现针影,有成云物花头鸟兽影者,有成鞋及剪刀水茄影者,便是得巧。

乞巧图局部

伴随着这些活动,都有一些相对应的吉祥歌谣:

乞手巧,乞貌巧;乞心通,乞颜容;乞我爹娘千百岁,乞我姊妹千万年。

巧芽芽,生得怪。盆盆生,手中盖。七月七日摘下来,姐姐妹妹照影来。又像花,又像菜,看谁心灵手儿快。

旧时济南、惠民、高青等地的乞巧活动比较简单,通常陈列瓜果乞巧,第二天早晨若见有喜蛛结网于瓜果之上,就算乞到巧了。威海妇女则供仕女图,捉蜘蛛覆于碗下,天明见网,多者获巧。此外,还有一些较复杂的乞巧活动。有的穿针乞巧,是用芝麻芽或用线穿过缝衣针或特制的七孔针。单县七夕之夜,梳洗打扮的少女们呼朋引伴,相聚在庭院中,摆上香案,陈列供果和各种化妆品,一起祭拜七姐姐,边拜边唱吉祥歌:

天皇皇,地皇皇,俺请七姐下天堂。不图你的针,不图你的线,光学你那七十二样好手段。

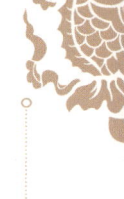

然后每人从老奶奶手中接过一根针与七根线,借着香火微光,穿针引线。谁穿上线,就算谁乞到了巧,穿得快者为最巧,以后可以嫁个好丈夫,过上好日子。

3. 请七姐姐的吉祥话

胶东地区在乞巧之前要先请七姐姐。姑娘们白天到田里去偷拿一些青秫秸，一路上不许回头，不许说话，回家后扎一佛龛，或在土台上搭一小棚，把仕女图供在里边。入夜后，姑娘们再手持秫秸围井台转一圈，请七姐姐归佛龛，然后坐在织女像前，拍手向织女乞巧，边拍边唱祈愿歌："一拍巴掌一月一，姐姐教我纳鞋底；二拍巴掌二月二，姐姐教我绣花裙……"鄄城、曹县、平原等地有吃"巧巧饭"的风俗。七夕这天，七个要好的姑娘凑面凑菜包饺子，把一枚铜钱、一根针、一个红枣分别放在三个水饺里，乞巧以后，她们一起吃水饺过节，吃到钱的有福，吃到针的手巧，吃到枣的早婚。

4. 吃巧芽的吉祥歌

在山东，无棣、长岛等地有生"巧芽"的习惯，即在七月初一将谷物浸泡在水中发芽，七夕这天煎芽做汤。荣成儿童特别重视吃"巧芽"。长岛还有《乞巧歌》：

初一初二巧芽生，初三初四上天空。拍登巧，更能巧，两把小剪对起来铰。铰对鸳鸯铰对鹅，铰那个小孩花朵朵，铰那个燕，慢打扇，铰那个雀，满山落。铰那个金鱼和银鱼，铰那个鲤鱼跳龙门。高秫秸，矮秫秸，秫秸底下一汪水，俺请姐姐洗洗腿。姐姐那腿，是好腿，从小吊着那金棒槌。姐姐那头，是好头，从小搽的那桂花油。姐姐那脸，是好脸，从小搽的官粉赛白茧。姐姐那牙，是好牙，从小长成糯米花。姐姐那耳，是好耳，从小戴着那金坠子。

（七）中秋节吉祥语

1. 团圆节的吉祥命名

农历八月十五是我国民间的传统节日中秋节。"中秋"一词，始见于《周礼》："中春昼击土鼓，龡《豳》诗以逆暑。中秋夜迎寒，亦如之。"八月于秋为中，十五又在月中，故曰中秋。中秋祭月、拜月、赏月、家人团聚，所以中秋节还有一个吉祥的名字，叫"团圆节"。

2. 赏月的期盼语言

中秋赏月的吉祥语言包括欢乐、平安、团圆、丰收四个含义。

中秋年画

《东京梦华录》记载了宋代赏月盛景："中秋节前，诸店皆卖新酒……中秋夜，贵家结饰台榭，民间争占酒楼玩月……连宵嬉戏，夜市骈阗，至于通晓。"民众拜月，男愿早步蟾宫，女愿貌似嫦娥。

明代八月十五日祭月的情景，《帝京景物略》有所记载：

八月十五日祭月，其祭果饼必圆，分瓜必牙错瓣，刻之如莲华。纸肆市月光纸，绘满月像，跌坐莲华者，月光遍照菩萨也。华下月轮桂殿，有兔杵而人立，捣药臼中。纸小者三寸，大者丈，工致者金碧缤纷。家设月光位，于月所出方，向月供而拜，则焚月光纸，撤所供，散家之人必遍。月饼月果，咸属馈相报，饼有径二尺者。女归宁，是日必返其夫家，曰团圆节也。

拜月、赏月的习俗与吴刚伐桂、嫦娥奔月、玉兔捣药等优美的传说融为一体，更显浪漫与美好。

"男不拜月，女不祭灶。"古时拜月者多为妇女。一边叩拜，一边诵告一些吉祥歌谣："八月十五月正圆，西瓜月饼敬老天，敬得老天心欢喜，一年四季保平安。"

旧时潍坊地区拜月，孩子们手托"月鼓"，臂绕圆圈，谓之"圆月"。边绕边唱吉祥童谣"圆月了，圆月了，一斗麦子一个了！……月明光光，小孩烧香；月明圆圆，小孩玩玩"，叫"唱月"；另一儿童则手持一棵燃着的麦蒿，谓之"蒿子灯"，手臂绕动，一圈圈流星与圆月者相应和，玩一会儿，再回家分吃月饼。

拜月之后，全家人便吃月饼、赏月，叫"圆月"或"玩月"。泰安等地则教儿孙们唱儿歌："月奶奶，割韭菜，割了韭菜包包子，包了包子给谁吃？你一碗，我一碗，吃没了，再去端。"

民间还有很多拜月的吉祥歌谣：

八月十五月亮圆，月亮圆圆像银盘。红木桌子金闪闪，西瓜月饼供上天。海棠果，红枣鲜，当中摆个大鸭梨。红白石榴两边站，手捧甜球把月拜。拜得月亮爷爷心欢喜，银辉朗朗洒满地，保咱天下都平安。

八月初一，太平初一，月到中秋，全家拜月。宝塔灯，照照天地；花下藕，藕丝连连。红石榴，榴开见子；团圆饼，夫妻同偕到老。合家和睦团圆。

3.吃月饼的吉祥语言

月饼的吉祥语言就是合家团圆。各地旧志均记载，中秋节设牲醴，陈果瓜，做月饼，在中庭摆筵祭月、赏月，并且相互馈送月饼、西瓜，作为应节食物。"八月十五月儿圆，石榴月饼敬老天。"至今，中秋节仍以月饼作为代表食品。所以，月饼的吉祥名字就叫"团圆饼"。

4.卜农事的吉祥语言

民间还有以中秋节天气卜农事的风俗。是日晴，则主旱；是日阴，则主来年丰，故有吉祥农谚曰："八月十五云遮月，正月十五雪打灯，来年一定好收成。"

（八）重阳节吉祥语

九月九日为重阳节，九为阳数，而日月并应，故谓之重阳，又称重九、九日。据《西京杂记》载，汉代已有在此日饮菊酒、吃花糕、插茱萸的习俗。

1."九月九，家家糗，谁家不糗过不有"

民间重阳有糗黏糕、做花糕的习俗。山东的黏糕料用黍米、黍谷子加红豆、花生米、大枣、地瓜等，糗得稠稠的，用筷子夹食，吃时喜欢蘸着白糖。花糕则用黍米做成，上面插着许多枣栗。有的分为双层，中间夹以枣栗；有的在花糕上面插上五色小旗，谓之"花旗糕"；有的面上塑两只羊形，取重阳之象，谓之"重阳花糕"。

重阳吃花糕，在汉代原寓尝新谷之意，现今用面蒸制是沿袭宋代花糕遗俗，意在"吉祥如意，百事皆高"。

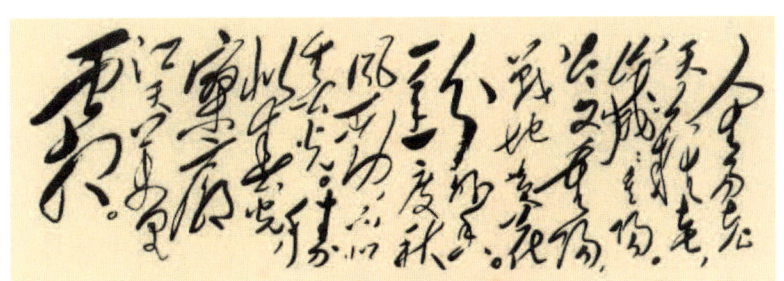

采桑子重阳

2. "喝了辣萝卜汤，全家不遭殃"

这是祈求健康的吉利话。泰山一带在这天盛行登山进香，给泰山奶奶换棉衣（三月二十八登山进香换单衣），中华人民共和国成立前有登虎山祭奠眼光奶奶的习俗，以祈求眼光奶奶保佑人们双眼明亮，顺便喝王母泉的泉水，据说可以延年益寿，因为相传它是蟠桃汁化成的。邹县这天也有富相山会。滕州、临沂、日照等沂蒙山区，从前在这一天多酿造菊花酒，有谚语说："九月九，九重阳，菊花做酒满缸香。"泗水等地这天采桑叶，据说重阳这天采的桑叶可以当茶喝以避瘟祛邪；博山一带则用绛囊盛茱萸系于臂上以禳灾。昌邑北部人家，这天习惯喝辣萝卜汤，说是"喝了萝卜汤，全家不遭殃"。

3. 占卜丰收的吉利话

农家还以重阳的阴晴来占年成，如"重阳无雨看十三，十三无雨一冬干"，说的是这天下雨则预示来年是个丰收年，这天无雨则冬旱，不利于小麦生长和冬季保苗。

4."九月不套被,套了没人睡"

重阳这天旧时有许多禁忌。滕州出嫁不满三年的闺女不能回娘家过节,"回家过重阳,死她婆婆娘";鲁东南地区则禁九月套被褥,现在仍有新婚单月(包括九月)不套被褥的讲究,"九月不套被,套了没人睡"。如果非套不可,则必须采九家的菊花叶放在被套里以破解。

(九)腊八吉祥语

1.节日的吉祥寓意

十二月初八为腊八节。"腊"即"腊月"的意思。在我国古代,"腊"本是一种祭礼,称"大腊",为春、夏、秋、冬四次大祀的冬祀。其规模最大,也最隆重。

到南北朝时,大腊与佛教节日融合,人们将农历十二月初八固定为"腊八节"。人们在此日祭祀祖先和天地神灵,并祈求丰收和吉祥。

2.腊八粥的吉祥含义

腊八节本是佛教节日,即成道节。传说释迦牟尼曾经晕倒在一棵菩提树下,被一放牧女童发现,用牛奶煮粥救活,醒后他便得道成佛了。后来的教徒为纪念他成佛,逐定此俗。北宋时东京开封各大寺庙这天举行浴佛会,做七宝五味粥,据说吃了能增福,这粥就是腊八粥,也叫佛粥;后来此俗扩延到民间。

腊八粥一般用八种粮食和果品制成,各地腊八粥的花样繁多。其中以旧时北平的最为讲究,掺在白米中的物品有红枣、莲子、核桃、栗子、杏仁、松仁、桂圆、榛子、葡萄、白果、菱角、青丝、玫瑰、红豆、花生等。其中枣谐音"早",栗谐音"力",寓意早有力气,早下力气,争取明年五谷丰收。做腊八粥时,要做得稠且黏,黏谐音"连",取连年丰收之意。临沂一带仍叫"七宝粥",用小米或江米、大米、竽、豆、枣等做成。

二、生活吉祥语言

民间日常的生活习俗所包括的内容非常广泛，这里仅从服饰、饮食、居住、交通——即衣、食、住、行四个方面来记述一些常见的吉祥语言。衣食住行是人类最基本的物质基础，不仅满足人们生存、生活的需要，在历史发展过程中又被赋予了审美、艺术、礼仪、禁忌、吉祥等文化内涵。

（一）饮食吉祥语言

"饮食"一词，我国古已有之，原是吃、喝行为的合称。我国有丰富的饮食习俗，各地百姓不但烹制食品因时调节，待客宴请热情周到，而且那些有代表性的日常饮食风俗、节令饮食讲究、饮食仪礼习惯等也都各有渊源，各具特色，是几千年来中国老百姓创造和传承中华文明的重要组成部分。它们源自不同的民族习惯、地理气候以及传统文化，其中蕴含着大量的吉祥文化。饮食吉祥语言包括饮食谚语、饮食口彩、菜名、烹饪术语、酒令与祝酒歌等。

1. 饮食吉祥说法

（1）依时进食为吉祥。《周礼·天官·膳夫》记载了周代的饮食礼仪和原则，符合者为吉祥："凡王之馈，食用六谷，膳用六牲，饮用六清，羞用百有二十品，珍用八物，酱用百有二十瓮。王日一举，鼎十有二，物皆有俎，以乐侑食。"而《礼记·内则》则对周王室的上述饮食都明确了十分严格的原则。它包括调和原则："凡和，春多酸，夏多苦，秋多辛，冬多咸，调以滑甘。"食用原则："凡食齐视春时，羹齐视夏时，酱齐视秋时，饮齐视冬时。"食物配伍原则："凡会膳食之宜，牛宜稌，羊宜黍，豕宜稷，犬宜粱，雁宜麦，鱼宜菰。"器用原则："王日一举，鼎十有二，物皆有俎。"这一切皆以阴阳五行为义，四时十二月令为节。

（2）熟食为好。烹饪就是熟食之作，包括烧、烤、蒸、煮技艺。

它能把在自然状态下人们不能食用的原料加工成食品，像肉类经过烹饪，变得易于消化；带毒食物经过烹饪，能涤除毒素，变得美味可口；夏菜经过烹饪，便于冬藏，成为便携式的耐贮存食品与节令食品。

（3）技艺为妙。在我国不同的民族和地区，大都形成了一些独特的烹饪技艺。鲁菜善用清汤、奶汤制菜，菜品清鲜、脆嫩；湘菜油重色浓，味道酸辣、酥软、微甜；闽菜以海鲜入菜，淡爽可口；川菜"七味八滋"，指酸、甜、麻、辣、苦、咸、香七种单一味道，干烧、酸辣、麻辣、鱼香、干煸、怪味、椒麻、红油八种复合滋味。这就形成了俗话所说的"南甜、北咸、东辣、西酸"的中国饮食特色。

（4）不偏食。不偏食即主食副食均吃，不挑剔。我国民众多以小麦、大米、玉米、红薯和豆类等，构成日常的主食，副食多为蔬菜、肉类，时令的各色瓜豆蔬菜都可以化为当地人餐桌上的佳肴。

（5）喝粥养人。南方喜食各种粥类，将肉末或其他荤食加入与粥同煮，再添入新鲜的蔬菜，或者食用白粥，另外搭配菜肴，还有各种杂粮粥，如玉米、南瓜等都可以配入粥中。一日三餐，一般午餐喝粥，家中有年老之人的人家也采用晨起食粥的方法以益胃生津，如白粥、玉米粥、糯米粥、黑芝麻粥等都较为普遍。

（6）好吃不过饺子。饺子又称"扁食""馉馇"，被民间视为美食，常言道："好吃不过饺子，好受不过倒着（指躺着休息）。"另外还有包好后放在笼屉里蒸熟的各种烫面饺子，也叫"蒸饺"。

2. 饮食的吉祥命名

民间有企盼富贵吉祥、追求福寿安康的传统饮食心理。中国人的饮食尤其是宴席最注重的就是富贵吉祥、福寿安康的寓意，所以很多菜肴的名称会用一些含吉利意义的，象征富贵、吉祥、美好的词汇。如黄金白玉羹、贵妃翅、京城驸马、韶山全家福、太守羹、吉利象鼻、金钱鳝、一帆风顺、望子成龙、招财进宝、五子登科、平步青云、酿金钱发菜、花开富贵、万年长青、福寿满堂、寿字鸭羹、群龙戏珠、扣三丝、玉宫藏龙、鸳鸯迎春。①

酿金钱发菜：形似金钱,"发菜"与"发财"同音,寓意发财致富、吉祥如意。

扣三丝：由火腿、鸡脯肉、猪肉三丝紧扣盆中,状如小山,寓意团圆,讨个吉利。

佛跳墙：此菜以鸡鸭、羊肘、猪肚、蹄尖、蹄筋、火腿、鸡鸭肫、鱼唇、鱼翅、海参、鲍鱼、干贝、鱼肚、鸽蛋、香菇、笋尖、竹蛏等十多种原料分层装进坛中,旺火烧沸后用微火煨五六个小时而成。烂而不腐,口味无穷,故曰"佛跳墙"。②

两个黄鹂鸣翠柳：两个整蛋黄,上面覆盖一层清香葱叶。

一行白鹭上青天：把熟蛋白切成小块,排成一行,下面垫上一张青菜叶。

窗含西岭千秋雪：清炒蛋白。

门泊东吴万里船：一碗清汤加调料,上面浮几块蛋壳。

一品：指菜肴的名贵高档和原料形态完整。如一品燕窝、一品豆腐、一品烤方等。

三元：指用三种不同的圆形原料配制的菜肴。如三元白汁肥鸭、三元海参等。

四宝：指用四种不同原料或禽类身上的四种原料配制的菜肴,如烩鸭四宝,是指用鸭掌、舌、翅、腰四种原料配制的菜。

五福：一曰寿,二曰富,三曰康宁,四曰修好德,五曰考终命。菜肴借用此五福命名菜名,寓意吉祥长寿,如五福刀鱼圆、五福鸡圆等。

六合：如六合同春,运用谐音六（鹿）合（鹤）,塑成鹿鹤,寓祝长寿健康之意。

---

① 吴海燕：《中国菜肴名称的词汇分析》,《现代语文（语言研究版）》,2010年第7期。
② 夏俊：《坛起荤香飘四邻,佛闻弃禅跳墙来》,《上海调味品》,2007年第12期。

3. 仪礼饮食吉祥说法

旧式婚礼饮食。从定亲到成亲，如设宴席，席上盘盏数量，菜肴名目花色，都有祝吉的含义。婚礼中的"交杯酒""吃汤圆"，江南的"吃新娘茶"等都是祝贺的形式，食品的名称也多谐音取义，以求吉祥。

宴席礼仪。我国各民族自古好客重亲情，待客必备酒席。走亲访友、饯行接风、红白事宜、盖房上梁、祝寿生子、节日聚会等皆备有规模不一、特色各具的宴席。"以饮食之礼，亲宗族兄弟"，借宴饮活动展示节仪、教化人伦。人们正是在这"寓教于食"的宴饮活动中，展示了"礼仪之邦"的礼俗风貌，同时也形成了丰富多彩的宴饮吉祥语言。

民间喜宴多用三大件席。客人入席后，先上一碗热汤面"垫底"，或者先上点心数种。而后是四干果、四鲜果、四馃果、鸡、鸭、鱼及用梨、桃加大米蒸制的甜菜，每件上二至四碗，酒后上六至八碗饭菜、汤菜吃饭。山东各地设宴，菜肴品数多取偶数，以四、六、八等为吉。常宴一般上四盘四碗，盛者则八盘八碗。盘为炒菜，用以佐酒，碗为饭菜，用来佐餐。再丰盛者，大多是在八盘八碗基础上增加变化而成。中原一带有"三八席"，全席为二十四盘（包括吃饭的汤碗），有的再加四大件。旧时烟台市，则有"四一六""四二八"等常规宴席。"四一六"即四个冷菜、一个大件、六个热菜，外加饭菜。"四二八"则是四个冷菜、二个大件、八个热菜，外加饭菜，中间有两点心插食。除此之外，还有"四六席""四四席""四四八席""四六八席""四八八席""四八席""四十席""四三六四席""四二八六席""四四八二席""十大碗""十二席""十二红席""双十二席"等，皆以菜肴数量为名，菜品多以鸡、鸭、鱼、肉加时鲜，只是数量、上菜顺序略有区别而已。

宴席上菜有讲究，顺序、称谓、数量皆因宴有别。民间前四个菜的顺序为一鸡、二笋、三鱼、四肥肉。其余无定规。菜肴最后，一般不用鸡蛋，多为青菜或甜菜。鱼菜上桌，各地都有讲究，旧俗是"文肚武脊"，就是文官以鱼肚为贵，武将以鱼脊为贵，鱼上桌分别将肚、脊对向客人，以示敬意。后来有演变，各有定俗。胶东讲究以鱼肚对主客，有"头南尾北，鱼肚朝客"之说。在鲁北地区则用鱼收尾，表示年年有余的意思。在青岛等地，鱼上桌后，主人要用筷子将鱼眼挑出来，献给主客，名曰"高看一眼"，以示尊敬。沿海地区，宴中鱼菜最忌"翻"身，即使要翻身，也只能说"把鱼正过来"或"把鱼划过来"，一般是不吃另一面的。

宴饮之中，饮酒也有讲究。主人兴宴，希望客人痛饮而归。陪客者为客人斟酒叫"满上"，领酒者先喝叫"先喝为敬"。领酒或敬酒，济南习惯两杯，而胶东则需三杯。若系喜宴，头一杯必喝红酒，酒宴终了，亦须同饮一杯红酒，称为"满堂红"。喝酒以杯为数，也有说词，一杯是"一心一意"，两杯是"好事成双"，三杯是"三星（福、禄、寿）高照"，四杯是"四喜临门"等。酒席结束，撤肴换茶，上干果等。客人辞行，须先向主人道谢，主人则谦让"招待不周，没吃好"之语，并亲自送至大门外，才寒暄而别。

4. 应节食品的吉祥说法

（1）立春咬春。每年立春这一天，北方各地都有"咬春"和"尝春"的习惯，并举行有趣的民俗活动。所谓"咬春"，就是在立春这一天吃生萝卜，并且以脆嫩多水的青萝卜为上品。俗传，立春时咬一口生萝卜，可使人一年有精神。在胶东每至此日，乡间将洗净的青萝卜备好，待立春时刻到来，人人争先抢咬萝卜，先咬到者一定能交好运气。尝春，是吃盛在盘子里的五种辛辣生菜，旧时称"五辛盘"，又称为"春盘"。用葱、蒜苗、椒、姜、芥等菜制成。

馈春盘

（2）初一水饺。正月初一早饭，北方各地均吃水饺。多吃素馅水饺，其馅用豆腐、粉丝、鸡蛋、白菜调制。除夕夜包成，初一早晨煮食。素馅取素净之意，喻一年无麻烦事。包饺子时，还要包进硬币、花生仁、栗子、大枣、糖块之类的吉祥物，数量为偶数。初一早晨进食时，人人都希望吃到尽量多的吉祥物。

（3）十五元宵。正月十五日是元宵节，俗称"灯节"。山东民间多于此日忙着"滚元宵"。滚元宵的方法是将做好的元宵馅揉成一个个小团，蘸水，放于盛有糯米面的簸箕中反复摇滚。煮好的元宵，不仅自己吃，还赠送邻里，互相品尝手艺。

（4）冬至饺子。冬至日，北方民间普遍盛行吃馄饨或水饺的习俗，各地有"冬至饺子夏至面"的吉祥说法。有的地区还有饮酒习惯，邻里数人聚而作长夜之饮，谓之消寒会。据说，喝酒是为了暖身体消寒，吃饺子是怕冻掉耳朵，故还有"冬至吃饺子安耳朵"的吉祥说法。

（二）居家吉祥语

1. 太岁与土王

民间有"太岁头上不能动土"之说。民间每逢动土、婚嫁，辄请阴阳先生"定太岁"，即计算太岁在何方，以免冲撞太岁。新娘花轿不能面对太岁方向，新人行礼不能面对太岁，建筑时太岁头上更不能动土。

这些都与民间风水俗信紧密相连，都属于太岁避忌系列。

"土王用事"。除太岁禁忌之外，民间还有避"土王用事"的说法，这一天不能破土动工，即使已经开工的，也必须在这一天停下来，否则便会墙倒屋塌。

2. 四合院

四合院的命名具有和合的吉祥含义。四合院是华北地区传统住房样式，石、砖、木结构。大门多位于住宅东南角，分内、外院。内院北面正房供长辈居住。东西厢房供晚辈居住。正房左右，附有耳房和小跨院，设厨房、杂屋和厕所等。大门、二门、走廊、影壁、墀头、屋脊等处施以装饰。

3. 风水宝地

民居是人们生活的空间，民居的建筑对每一个家庭来说都是件大事。选择地基、入住新房很有讲究，由此产生了所谓"风水"：房屋基址要有很好的环境，最好是"风水宝地"。按迷信说法，房屋朝向、位置、出入口都很重要，要用一些符号来避凶趋吉，化解各种不利因素。

4. 建筑吉日

（1）"黄道吉日，破土奠基。"破土是一件极为严肃的事。按迷信说法，全年除元日、大寒日可以任意动土外，其余日子动土须请风水先生拣日选辰。破土奠基要悬挂红布，焚香敬纸，埋下神砂、桃符，燃放爆竹，以便敬土和镇邪。

（2）"行墙大吉"。砌墙俗称"行墙"，是一项技术性比较强的活儿。旧时行墙动工时屋主人要备酒肴祭祀，之后，泥匠与屋主人一同拿砖到四个屋角摆好定位。与此同时，泥匠念颂"行墙大吉""兴旺发达"的吉祥话，屋主人用红包作谢。

（3）"安门大吉"。当墙建到与门同高时，开始安大门。安门也要请风水先生选日子，门头板上写上"安门大吉"字样。还需于门楼下挂筷子一双、古书一卷、内装五谷的红布袋一个，寓意招财进宝和文运兴旺。

（4）"姜太公在此"。此语为上梁时吉祥语。上梁亦称"升梁"，是建造房屋中最隆重的一项仪式。房梁是最重要的支撑，选材一般为榆木，寓意有余粮。上梁的吉时，通常是上午12时。大梁要用红布或红纸盖严实，请人在大梁上画八卦，系红布，捆扎红筷，贴吉祥对联，如"竖柱喜逢黄道日，上梁正遇紫微星"，或贴"上梁大吉"等吉利话语。迎门的墙上贴"姜太公在此，诸神退位"。往上吊梁时，木匠要手拿方尺，据说可避五鬼来扰，直到大梁稳稳放好为止。木工大师傅小心地放稳大梁后，便烧纸焚香，燃放鞭炮庆贺。

（5）"打牙祭"。上梁完成后屋主人家还需设宴招待匠人、亲友和扶梁者，称为"打牙祭"，主人向参加上梁的人敬酒，并用丰盛的饭

菜款待他们，预祝接下来的工期顺顺当当。吃上梁酒的都是男子，女子是不能吃的。故永福民间有"男人不吃满月，女人不吃上梁"的禁忌。

5. 吉祥饰纹

（1）"吉祥如意"。门簪是将安装门扇上轴所用连楹固定在上槛的构件，有方形、长方形、菱形、六角形、八角形等样式，正面饰以花纹图案。门簪的图案以四季花卉为多见，四枚门簪分别雕以春兰夏荷或秋菊冬梅，图案间还常见"吉祥如意""福禄寿德""天下太平"等字样。若只有两枚门簪时，则雕"吉祥"等字样。

（2）室内家具多为木制八仙桌、柜子、橱子、椅子等，上面多雕刻有吉祥花草、动物、昆虫图案，如蝙蝠、寿桃、麒麟、龙、凤、花朵等。

（三）穿着吉祥语

服饰民俗是指与人们穿戴衣服、鞋帽及佩饰相关的风俗习惯。我国是棉花种植的大国，桑蚕丝生产也有古老传统，又是柞蚕丝生产的发源地，所以民间纺织、印染、裁缝、刺绣都有深厚的基础，纺织品、印染品（如蓝印花布和彩色印花布）、刺绣品及成衣，都随处可见。中华民族又是礼仪之邦，传统文化给服饰民俗以深远的影响，朴质、素雅是其鲜明的风格，追求吉祥寓意也是其要求。

1. 蓝印花布的吉祥图案

蓝印花布又称"药斑布""青花布"，工艺程序比较复杂。先把镂空花版铺在白布上，用抹子把由豆面、石灰等拌成的防染浆剂刮入花纹空隙，漏印于布面，等到干后浸染靛蓝，然后刮去染浆粉，就显现出蓝白花纹了。

蓝印花布的花纹，据统计有七类140余种：植物类有梅花、牡丹、荷花、菊花、枣花、海棠、

蓝印花布

水仙、兰花、绣球花、桃花、茉莉花、山茶花、玫瑰花、甜瓜花、韭菜花、桂花、葵花、红蓼、菱花、石榴花、石竹花、卷草、灵芝、水藻、葡萄、石榴、桃子、佛手、莲藕、杏子、樱桃、柿蒂、香橼、海棠果、天竹子、瓜、葫芦、茄子、辣椒、白菜、荷叶、藤蔓、芡菇叶、竹子、松树、蒺藜等；动物类有喜鹊、凤、孔雀、鸽、寿带、鹤、鹭鸶、黄莺、白头翁、公鸡、雀、燕、鸳鸯、麒麟、狮子、鹿、猴、蝙蝠、艾虎、猫、鲤鱼、龙、幼鱼、金鱼、蝴蝶、蛾子、蜂、蜻蜓、蝈蝈、蜘蛛、蜈蚣、壁虎、蟾蜍、蛇、蝎等；器物有果篮、花瓶、琴、棋、书、画、绣球、古钱、宝珠、金锭、拍板、扇子、花篮、渔鼓、笛、剑、戟、荷包、飘带、流苏、长命锁、花灯、秋虫笼子、花砖、皮球花等；几何纹有鱼子、珠子、三瓣花、猫蹄花（又称"七点梅"）、大猫蹄花、画眉眼、鱼眼、弧线、环纹、鱼鳞、太阳、月牙、冰裂纹、波纹、云头、绳纹、旋花（风转）、三角纹、鸡心、盘长（八吉）、直线、锯齿纹、龟背纹（蜂窝）、方块、五角纹、回纹（挽不断）、方格、斜九点、八角（茴香）、十字等；吉祥文字有"福""寿""喜""双喜""长命富贵"；人物有儿童；建筑物有龙门。①

其中通用花布一般用连续花纹，有散花、缠枝花、格子花、满地花等形式。散花俗名"碎花布"，按排列方式不同有直趟、对花、骰子五点、斜趟、错格、踩斜垄、赶网扣、骰子四点、插空、乱排等花样；缠枝花又名"串枝花""穿枝花"，就是把散花用枝蔓连接起来；格子花又称"锁链""金砖""花砖"，就是在几何格子中填充散花；满地花又名"花包花""铺地花""遍地锦""锦地"，就是在浮纹下面铺满地纹。

2. 绣花的吉祥图案

儿童的衣服，多绣制希望活泼可爱、保佑健康成长的吉祥图案。

---

① 参见山曼、叶涛等：《山东民俗》，山东友谊出版社，1988。

女子服饰,则多以花草树叶、小鸟花边作为吉祥图案。

古时鞋子是女子给男子的定情物。有的女子在送给心上人鞋子的鞋底上,用细绳麻线纳上祥云图案,愿出门的亲人走得快,快去早回。鞋垫也常常作为未婚女青年赠送未婚夫的礼物,她们在上面绣有"福海无边""事事如意""莲花童子"等花纹图案以及"思念""平安""幸福生活"等字;即使是现在,一些农村姑娘在对象应征入伍时,仍然送上几双鞋垫,有的上面绣有"保家卫国"或"思""爱""想"等字样,倾注爱意,寄托情思。

3. 打扮穿着吉祥谚语

民间有谚曰"人生在世,吃穿二字""先置地,后盖屋,有了闲钱才做衣服""佛要金装,人要衣装""钱是人的胆,衣是人的脸""人是衣裳马是鞍,打扮起来赛神仙""三分人才,七分打扮"。人们划分贫富,也是"不看吃的看穿的",以衣服多少为标准。"富人四季穿衣,穷人衣穿四季""富人穿绸缎,穷人穿针线""穷人难穿应时衣""穷了富,只穿布;富了穷,穿绸绫""穷剃头,富穿绸""上炕不脱鞋,必是袜底破""没得裤子打灯笼,袜底穿破穿袜筒""腰里扎根绳,胜过穿一层;腰里系根线,强似穿一件""衣少加根带,饭少加把菜""冬不借衣,夏不借扇""衣裳不合体,必定是借的""借人衣,不整齐""借人衣裳不敢穿""借人衣,遮面皮"。

在打扮的方式上,民间有独特的审美标准,也就是吉祥要求:"男要俏,一身皂;女要俏,三分孝""俏人不穿棉""两只小脚遮半身,梳上个油头十分人""时样的裙子,还得时样的衫""穿不过个青,戴不过个金"。民间穿着打扮讲究自然,多以朴素为美:"长得俏才是俏,打扮俏惹人笑""风流不在衣着""布衣暖,菜根香""插花揭云不算巧,织布纺线做到老""吃饭还是家常饭,穿衣还是粗布衣,过夜还是结发妻""家常饭,粗布衣,知冷知热自己的妻""穿破才是衣,到老才是妻""是衣遮体,是饭充饥""多衣多寒,少衣少寒,无衣自暖""好吃不过茶泡饭,好看不过素打扮""旧衣能挡寒,野菜能充饥""会戴的一朵花，不会戴的戴满头""鞋上绣花不算能，纺线织布不受穷"。民间的"浪俏酸"，主要是从打扮角度评价人，有"花蝴蝶""漂亮""衣裳架子""油头粉面"等说法，并且说"丑人爱打扮，戴花、搽粉、抹胭脂""好花羞上老人头""浪子好穿单，冻得眼皮翻""老人爱喝口肉汤，青年爱穿套衣裳""大脚爱小鞋"。

4. 服饰禁忌语

（1）"男不露脐，女不露皮"。男子如果露脐，风邪就会趁机而入，导致重病；女子如果不穿长袖长裤，扎束紧密，风邪就会从裤管侵入下体，导致妇科病。这是民间对穿着的审美要求，也是对服装穿着的规范。因为保守，这种传统着衣方式被说成是"封建"的表现。其实，男子成年累月在外劳作，赤膊上阵是经常的事；女子则"大门不出，二门不迈"，长此以往，妇女的身体成了性的符号，有着诱惑力，所以要严格遵守禁忌，不能"露皮"。民间有很多传说，都与这种审美观念有关。万喜良逃到孟姜女家的院子里，正看到孟姜女玩水，露着两只胳膊，孟姜女便非要嫁给他不可；牛郎观看了织女洗澡，又抱走了她的衣服，她就只能和他成亲拜堂。所以，这是封建礼教在民间文化方面的深刻影响和曲折表现。女子的衣服、饰物不能随便触摸，其绣鞋、手帕、荷包，通常被当作情物使用。

（2）"歪戴帽子狗材料"。古时人们忌讳歪戴帽子，敞胸露怀，认为这是流氓的打扮。帽子是首服，头为一个人的尊严和思想所在，最禁忌他人触动、侮辱，故谚曰"摸人不摸头，打人不打脸"。作为保护头的帽子，自然也有了头的尊严。在古代民间，如果谁的帽子、斗笠被风吹落到地上，是丢脑袋的预兆。所以，帽子不能胡乱扔到地上，不能歪戴，不能反冠。歪戴帽子为心不正，不成大器之相。

（3）"红到三十绿到老"。对于红绿等艳色，民间以年龄而论，年轻女子、儿童以艳丽为美，已婚女子以暗色为美，也叫"红到三十，绿到四十"。老年服装更是以黑、深蓝为主。20世纪80年代以后，民间对服色的禁忌已经普遍淡化。即使在喜庆的节日，青年人穿戴的

颜色已无讲究。

（4）奇装异服为"妖服"。民间以为，奇装异服的出现，总是意味着世道的变迁，或是自然灾害，或是改朝换代。直到20世纪80年代，男青年穿花格子衣服、牛仔裤，女子衣服薄、露、透，仍遭到非议。

（四）行旅吉祥语

行旅吉祥语包括交通工具的说法以及出行、迎归、住店等方面的吉祥用语。

1. 旅行吉祥讲究

（1）"不远游"。旧时民众重家居，极少外出，出门仅限于亲友交际、赶集上店，一般不出远门，以为"在家千日好，出门一日难""在外跑一秋，不如在家种条沟""在外挣个木板，家中去个大门扇"。即使是商贾行贩，旅程也仅在省内或邻省间。这与封建小农经济时代交通、经济条件有直接关系。中华人民共和国成立初期，外出的人也极少。直到改革开放以后，古代慎行、"不远游"的风俗才发生了根本的变化。

（2）"老不上北，少不上南"。民间出门有许多讲究。出门要有一定的去处，或有大体旅程安排，以便让家人放心，或者便于前去寻找。旧时忌去大南大北，谚曰："老不上北，少不上南""老不入川，少不游广"。过去传统思想认为，南方奢靡，年轻人去了容易腐化；而北方苦寒、四川凶蛮，非老人养生之地。

（3）"三六九，往外走"。传统观念还认为，行旅途中的安全是由神掌管的。这种神称为路神，也叫道神、行神等。因此，旧时启程必须选择吉日。俗语说："三六九，往外走；二五八，好回家。"说的是逢农历每月的三、六、九日是黄道吉日，出门吉利；二、五、八日不宜外出。

（4）"高升炮"。江浙地区的老百姓过去凡出远门，临行前要洗脸洗手，在祖先堂前和灶前分别烧香，并跪下说明自己的外出地点、目的和返回时间，请求祖宗和灶王保佑平安，事情办得顺利。如果赶上正月，又是一年中的第一次出远门，还要在走出门后点燃一挂小鞭炮，边走边放,叫"高升炮",以开路去恶气。

(5)"穷家富路"。这句话说的是出门做好充足的启程准备。"饱带干粮,热带衣裳""穷家富路""家贫不算贫,路贫愁煞人""出门带盘缠,生活有打算"。这些谚语,是针对出门特别是出远门而言的。出门在外,困难重重,特别是旧时社会服务体系不完善,衣食住用,尽量自带,行李(俗谓"铺盖卷")、雨具、干粮、水壶、钱(俗谓"盘缠""盘费""路费")要准备充足。

(6)"送元宝"。旧时常跑外的人很少,一般人出远门,如谋事、逃荒、做官、赶考、经商、走远门亲戚,预定下行期之后,要到亲朋好友家里辞行,亲友也顺便设宴送行,赠之钱物。东阿、阳谷等地有亲友远行,要煮10个鸡蛋相送,取"十全十美"意,谓之"送元宝"。长辈亲友多予以嘱托,如:在外别难为自己,照顾好自己,多和家里联系,到了目的地就来信,别混瞎了,别丢了人,别走下道,别贪酒等,以此显示关爱。同时,还要跟邻里乡亲辞行,问是否有信、物顺路捎给外地的亲人。

(7)"出门饺子回家面"。旧时还有饯别、饯行仪式,亲友十里相送。现在,多为家人送行,以吃水饺为风俗,因为水饺形似银锞、元宝,寓意发财,有"上马饺子下马面""起脚饺子落脚面""出门饺子回家面"之说。饭后,家人将其送到车站、停车点,看其坐车远去,挥手依依作别,俗谓"送站"。旧时,在上路之前还要祭路神,焚香烧纸,以求旅途平安,化险为夷。

送行图

(8)不"犯快"。出行禁忌讲不吉利的话,如"死""梦虎""狼牙""翻车"等。每日午前，谁若直接说梦、龙、虎、蛇、塔、桥、牙、兔子，即为犯忌。应该说成团黄粱子（梦）、悬梁子（桥）、海条子（龙）、海嘴子（虎）、土条子（蛇）、月宫嘴子或者缺嘴子（兔）、土堆子（塔）、柴（牙）。并且尽量避免吵架、赌气等不愉快的事情发生，好使行路人高兴，家人也少牵挂。

（9）"做顺风"。这是江浙水运习俗，新船造好之后，船工要在船头烧香上供，祭谢鲁班祖师，接着放鞭炮送神，然后新船才能下水。这种仪式叫"做顺风"。船只启航时，各船之间必须保持沉默，不打招呼，以防说出不吉祥的话来影响途中安全。受古代传统重男轻女思想影响，广东潮汕船家规定，女人不准站在船尾，因为船尾舱内供奉着妈祖的神位，恐怕玷污了神灵。船上忌讳运载七男一女，恐怕犯了"八仙过海"之忌讳，被龙王责怪。这种说法既是在诉说人的担忧，也在祈求超人力的神灵来"保驾护航"。那些行业语的使用，是恐怕让神灵听见了侵害自己才讲的，它们更多地表现了人们对自然神和祖先神的敬畏和祈求心理。

2. 行路吉祥说法

（1）"县长也不换"。对于车夫和司机来说，尽管外出讨生活不容易，但也乐在其中。在山东，民间有歌谣说："一到二月天，路上行人把衣单，架起小木轮，一月至江南。""木车一驾，半朝銮驾，栗木轴，柿枏吱吱呀呀。手推千斤，云游天下，临近村前，狗官接驾。""推起胶皮轮，一日一百三，累了吃袋烟，胜过活神仙。挣了脚力钱，高兴把家还，细细一算计，县长也不换。"

（2）"低头老婆抬头汉"。关于走路，民间讲究"行如风"，有"小碎步""大踏步""四方步""老步"之分。行路时禁忌目光四散，瞎撞，谚有"低头老婆抬头汉"之说；担挑手、推货者要注意货物不能丢失，不能碰撞。

（3）"走大路有水，走小路有鬼"。旧时远行路上会遇到种种危险和不测。一是来自动物的，如狼虫虎豹。民间称狼为"犸虎""大口"，

山区多见。二是来自心理的，如鬼怪妖物。三是来自人类的，如拦路打劫者（俗称"断路的""动路的"）和扒手（俗称"贼""小偷"）。四是来自大自然的，如洪水、滑坡、大风雪。因此，民间多大白天行路，说"行的夜路多，早晚遇着魔""常在河边走，哪能不湿鞋"，并且多结伴而行，好相互照料。

（4）"走路施礼，少走十里"。俗言道："走路不施礼，多走十几里""出门在外，谁也没有带着路的"。问路，是身在异地的行路人遇到的首要问题。人们常说，"行路能开口，天下随便走"，以为"路在嘴下边"，称之"自带路"，讲究问路要谦恭，嘴要甜。"大爷、大娘、大哥、大嫂"是最起码的尊称，以此赢得所问人的好感，以便获得帮助。

（5）"百里无轻担"。"千里不捎针""路远无轻重""远了没轻担，百里不贩粗"，这是对带货的行路人的忠告。货运、贩物，忌贪多，超出自己的装载运输能力，造成车陷（俗称"了车"）、断轴、崴耳、轧带等问题。负重而行，"百里九十才过半"，要有韧性，不要急躁，不要急赶，那样容易疲劳；但是，也不能三住两歇，"顿饭走十里""紧走赶不上不住""站一站，走一箭""人是地行仙，十天不见走一千""不怕走得慢，就怕丢了襻""走路不怕慢，就怕打前站"。如果开始走得太急，活动不开筋骨，容易疲劳，也容易使脚摩擦起泡。

（6）"在家靠父母，出门靠朋友"。出行人都渴望结交朋友，相互帮忙，以便一起克服路途中种种困难。民间因合伙做买卖，一起打工等成为至交的为数不少。但另一方面，"买卖好做，伙计难合"，若不小心，轻信于人，也会上当受骗，吃大亏。

（7）"坐船坐头，坐车坐尾"。行水路，民间禁忌尤多。俗谓"行船走路三分命,三分险"，故行船忌讳讲不吉利的话，如"翻""扣""帆""完了货"等。行船时又忌吹口哨（俗以为"吹贼哨"，会招贼），忌跑跳，忌说险话、坐船头或在船头大小便。但也有说"坐船坐头，坐车坐尾"的。岛上的人过渡或远行，可以搭乘顺路的渔船、运输船，不仅不付钱，

还可以白吃船上的饭，俗谓"搭便船"。旧时，还严禁妇女搭乘渔船。

（8）"财不露白"。行人一般不露富。出门携带钱物尤其谨慎："财大妨身""财不露白，货不离身"。特别是带大宗钱物时，要放在最安全的地方，随身携带，或缠在腰里、垫在鞋里，或装在裤里缀袋内，放在最不起眼的破包、破袋子中，睡觉时枕在头下，以防失窃。打工回家，带钱做买卖，钱一般装在蛇皮袋子里，或者缝在内裤里。

（9）"走顺不走近"。行路还有一些技巧："急走水，慢走泥；快走滑路慢走桥""空手走撑不上挑担的，挑担的撑不上推车的""马快不如道路熟""会挑水的不怕水荡，会走路的不怕路窄"。特殊天气行路更要凭经验："刮风走小巷，下雨走大街（意指安全）。"对于不同的路况，也有不同的经验："宁走十步远，不走一步喘""宁走千里下坡，不走一里泥窝""能走千里干，不走一里淹""宁爬一座山，不走一里圈（绕道）""隔山不远，隔水不近""宁隔千山，不隔一水""看山在眼前，走到得一天""上山容易下山难"。对于走近路，也有说法："走路不用问，大路没有小路近"，但是要"走顺不走近"。忌讳走夜路，怕遇到不测："未晚先投宿，鸡鸣早看天。"

（10）"礼让三先"。对于司机来说，需要"车走车辙，马走马路""人多不碍路""车多不碍路，船多不碍江""车到无恶路"。交通安全尤其重要："驶车玩船，祸在眼前""人不避死，车不避翻""十次事故九次快，还有一次不例外"。行路特别强调安全第一，讲究"宁停三分，不抢一秒"，要"礼让三先"，稳中求快。

三、交际吉祥语言

我国是一个传统的农耕大国，广大农民的生活、居住环境相对稳定，很少发生变化，由于共同的地理位置、历史渊源、环境条件、资源、物产和文化生活等原因，使居住在某个地域的民众在心理感情上、行为上形成了某些认同感和相似性，也形成了很多吉祥语言。

（一）家族方面的吉祥语言

家族，是以血亲关系为基础而形成的社会组织，包括同一血统的几辈或许多辈人。传统观念崇尚四世同堂、家族兴旺。

1. 四世同堂

四世同堂指的是祖孙四代在一个家庭里共同生活，无一人离世，即曾祖、祖父、父亲、儿子，这就构成了一个家庭中的祖孙四代。高祖、曾祖、祖父、父亲、自身、儿子、孙子、曾孙、玄孙，九代人之中相邻近的四代都可能四代同堂。

类似的吉祥语言还有"六代含饴""五世其昌""名门望族"。

2. 排辈字号

为使族属代代不乱，长幼有序，往往在家谱中建立统一的代数行辈，标定字号，俗称"辈分""排辈""班辈"。男子成年，起大名时，必须按其代数行辈预定的某字为名字的一部分，此字或放姓名三字的中间，或三字的末尾。各辈并不尽同，也有俗传定规，如这辈辈分之字在中间，下辈辈分之字放末尾。我国有孔、孟、颜、曾四个古代有影响的大家族，全国一姓同谱，另外还包括孔子先祖殷微子后代的殷姓和周公旦之子伯禽后裔的东野姓，这六姓排辈字号均相同。

排辈字号多使用一些励志类的吉祥字眼，构成一些吉祥话语，其意蕴为修身齐家、安民治国、吉祥安康、兴旺发达，表现了人们的良好愿望。如《红楼梦》贾家老一辈是代字辈，贾代化、贾代善；他们的儿子是文字辈，贾赦、贾政和贾敬；再生是玉字辈，贾宝玉直接用了玉字，其他都有玉字边（现在习惯说成王字边），贾珍、贾琏、贾环和贾

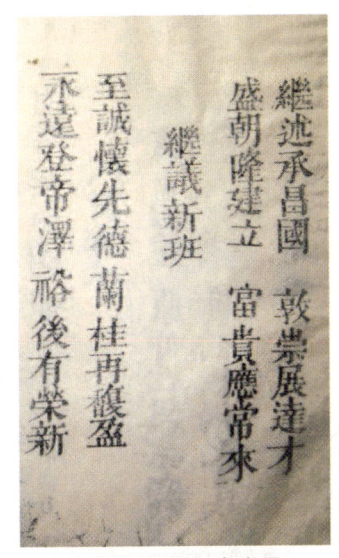

光绪四年四川金堂县
《廖氏族谱》班号

琮。再往下一辈就是草字头，贾芸、贾兰、贾蔷、贾菖、贾菱、贾萍，没有例外。日照丁氏家族排辈字号是"惟我家谱，履历备详，原籍海州，肇始武昌，明初来照，相宅河北，天启开科，崇祯任职，乡贤名宦，德言事功，显扬令绪，繁育兴隆，聿愿同心，孝敬和睦，世代绵长，丕承祖泽"。

字辈的使用有两种：一是用完再续；一是循环使用。如1928年澧州续修《高氏族谱》字辈，老派为"居清文必一，其国士承启"；信派为"正大先祖德，永守家道昌，经学明章显，华胄本贤良"；续派为"继述从安吉，开源肇澧阳，全修同立定，秀发迪前光"；重修续派"孝友昭雍绪，仁慈锡福祥，千秋垂统序，万古振纲常"。

再如四川省蓬溪刘氏字辈：

字派（五十旧字）：思应道兴孔，一登三正天，锡汝中邦国，廷开九五尊，万民朝帝位，四海步君恩，佑启光宗德，承先建本原，惟仁尚可化，世代永长存。

回水乡刘氏字辈：万世永昌隆，国正文武乐，家道乾坤运，富贵与崇兴。

天福镇丰庄沟刘氏字辈：思应道兴孔，一登三正天，锡汝中瑞耀，廷光继世全。

群力乡旺吾沟刘氏字辈：国正天心顺，世兴亿照安，明贤永锡应，忠孝承先宽。

任隆镇白岩沟刘氏字辈：兴开一正廷，人文玉世昌，安邦定国子，光明显大长，汉高德泽远，天钟英贤良，永久承先代，家道必发祥。

中和场帅家沟刘氏字辈：国正民安，邦家永建，文德宏光，英才炳焕，人怀忠良，仕崇俊彦，志道居义，钦贤乐善，荣玉芳泽，朝元庆康，启应增高，昌复大汉。

3.堂号

家族还有起堂号的习俗。此风至20世纪三四十年代仍很流行。

望族堂号大多有其来历：孟子家族的堂号"三迁堂"，是由"孟母三迁择邻而居"之典而来；曹氏一支堂号"平阳堂"，是由汉丞相曹参封平阳侯而得名。一般家族堂号的命名多取吉利文雅之辞，诸如"福德堂""荫福堂""浮吉堂""积善堂""安书堂""庆余堂""广和堂""玉德堂"之类。富家镌匾额于客屋壁上，一般人家只是将堂号写在斗、升、口袋、板凳、账本、褡裢上。唯有过年、过元宵时，富家与一般人家才用朱笔书堂号于灯笼之上，擎以上街，以为体面。

4. 家族称谓

家族称谓，体现了家族的礼仪、秩序、吉祥。

子女称父母为"双亲""二老""老人家"，在别人面前称"老太爷、老太太"等。子女称父亲，书面或对人称"家父""父亲""老爹""老爷子""老爸"，当面叫"爹""大""爷""达达"，近年通行呼"爸爸"。子女称母亲，书面或对人称"家母""母亲""老太太""老妈"，当面叫"娘""妈"，近年通行呼"妈妈"。

称祖父为"爷爷"，称曾祖父为"老爷爷"，称高祖父为"老老爷爷""太老爷爷"。称祖母为"奶奶""婆""嬷嬷"，称曾祖母为"老奶奶"，称高祖母为"老老奶奶""太奶奶"。

父之兄，书面称"伯父"，当面称"大爷"，还根据其排行冠以数词，如"大爷""二大爷""三大爷"等；或称"大大"、"伯伯"、某爹，如"大爹""二爹"。父之弟，书面称"叔父"，当面称某叔，如"二叔""三叔""小叔"等；或称某爹，如"三爹""四爹"等。

伯父之妻，书面称"伯母"，当面称"大娘""大妈"；或称某娘，如"三娘""四娘"等。叔父之妻，书面称"婶母"，对人称"婶子"，或称某娘，如"三娘""四娘"等。莱阳称最小的婶为"小娘"。

姐妹，统称为"姊妹"，当面称"姐姐"或"妹妹"。兄弟，统称为"兄弟""哥们"。当面称兄为"哥哥"，或因排行称某哥，如"大哥""二哥"等。称弟为"兄弟"，或称某弟、老几，如"三弟""老四"等。

夫称妻"贱荆""贱内""内人""老婆""屋里的""家里的""对

象""媳妇""爱人""夫人""那一口子",年老时则称"老伴""老婆子"。当面叫"孩子他娘""孩他妈",或呼其名;青梅竹马或同学成为夫妻的,多是连名带姓一起叫。20世纪60年代开始称"对象"。妻称夫,对人称"男人""外头的""当家的""那一口子""掌柜的""丈夫""爱人""俺男的""孩他爹""他爹"。当面称"孩他爹""他爹",或直呼其名,或直呼其姓名;20世纪上半叶工农干部成立的家庭中则称其姓,前面冠以"老"字,如"老张""老林"等;60年代开始称"对象",80年代以后,则有称"老公"者。

妻对夫之父,对人称"公公""公爹""他爷爷""男老的",当面随夫称"爹""爷""大""达达""爸爸"。妻对夫之母,对人称"婆婆""婆母""婆妈""婆婆妈""他奶奶""女老的",当面则随夫叫"娘""妈"。妻对夫之兄,对人称"大伯子""大伯哥",当面称"哥哥"。妻对夫之弟,对人称"小叔子",当面称"兄弟""弟弟"。妻对夫之姐,对人称"大姑子""大姑子姐",当面称"姐姐"。妻对夫之妹,对人称"小姑子""小姑",当面称"妹妹""妹儿"。妻对夫兄弟之配偶,互相对人称"妯娌",当面幼称长为"嫂",长称幼为"弟妹"。

兄对弟之妻,对人称"兄弟媳妇",当面称"弟妹"或直呼其名。弟对兄之妻,对人、当面均称"嫂",如"嫂子""大嫂""三嫂"。

祖父母称孙辈为孙子、孙女、孙子媳妇。

父母称子女,一般都叫名,或呼"孩子""小的们"。小时候叫他们乳名(又称"小名""奶讳"),大了叫学名(又称"大名");有的始终叫乳名;或称子"小子""儿""小厮""儿郎",称最小的儿子为"老生子儿";称女"闺女""嫚儿""丫头",称最小的女儿为"老生闺女"。近年,直接称"儿子""小孩儿""女儿""宝贝"的渐多。对人,旧时多按长幼顺序称作"老大""老二""老三"等,一般称"儿""闺女""女"。称儿媳妇,对人称"儿媳妇子";当面叫"他嫂",也可以用小儿子或小女儿的名字及叫法来称呼,叫"老二家的""老四屋里的";生孩子后,有借小孩名字称呼的,如"小牛蛋他娘""小琴她妈"等,

或直呼其名。

兄弟之子女，兄弟姐妹妯娌都称为"侄儿""侄女"；出嫁之姐妹对人则称"娘家侄""娘家侄女"。

对幼者或晚辈，直呼为"大兄弟媳妇""二侄""三侄媳妇"外，还有以孩子的叫法加"他"或"您"字来称呼的，如"他叔""您叔""您二婶子""您哥""您嫂"。

5. 家政家务吉祥语言

鲁西南有俗语"过日子比树叶都稠"，极言家务的繁复芜杂。开门七件事"柴米油盐酱醋茶"，一日三餐不可少；一年四季洗洗涮涮、缝缝补补，过年过节的铺排，迎来送往的应酬，修房盖屋的计划，儿女婚事的缔结，红白喜事的应付，家庭、家族各成员间矛盾的解决等等，这都是没完没了的家务，这些家务事也都有自己的吉祥语言。

第一，"家有千口，主事一人"。掌柜的即家长，是家庭事务的主要决策者。家长又名"家主""户主""当家人""当家的"，旧时一般是男性壮年，在大家族里，往往是长房长支的壮年男子。在旧时代的家长制家族中，家长具有绝对权威，对内维持家族秩序，对外代表家族全权处理事务，是旧制度下家族的支柱。家长以外的家族成员，统称为"家属"。

第二，"表壮不如里壮"。内当家的，是家务琐事的具体管理者和家务习俗的主要传授者，即主妇。又称"内当家""内掌柜的""管家婆"，一般是家长的妻子，是由"多年的媳妇"熬成的"婆婆"。她们重视"过日子"的统筹，有谚曰"吃不穷，喝不穷，算计不到就受穷"。她们注意节俭，从粮食打进囤里就开始了,这叫"省囤尖儿，不省囤底"。她们总结处理儿媳之间矛盾正反两方面的经验，结论为"会当婆婆两头瞒，不会当婆婆两头传"。

第三，"养儿防老"。我国古代就有养老的传统美德。《诗经》有"永言孝思，孝思惟则"；《礼记·王制》云"凡养老，有虞氏以燕礼，夏后氏以飨礼，殷人以食礼，周人修而兼用之"；《永记集说》云"行

养老之礼，必于学。以其为讲明孝悌礼义之所也"；以孔子为代表的思想家提出了"仁、义、礼、智、信、忠、孝"等伦理思想和道德概念。"老吾老以及人之老"，《孝经》更把赡养双亲视为天经地义的事情。

第四，"有儿不跟女"。农村传统习俗中，养老有"有儿不跟女"的说法，老人们轮流到儿子们家中居住。到其中一家居住时，若老人健康状况不佳，其生活起居主要由该子照顾，其他子女也可以来探望；若老人身体健康，会帮着做些力所能及的家务，如有一定的经济能力，也会优先考虑支援该子，其他子女没有异议。老人重病医治开销较大时，由子女们共同分担，或均摊，或由经济条件稍好的多承担一部分。当老人在儿子们家中轮流生活时，已在外成家的女儿们自觉负责给老人添置新的衣物。

第五，"少年妻，老来伴"。夫妻之间讲究年轻时恩爱，年老时相伴。这是家庭和睦、万事兴盛的基础。

6. 祠堂吉祥对联与祭祖吉祥语言

在我国，祠堂兴盛之风已延绵两千多年。早在西周时期，根据礼乐治国的要求，一些豪门贵族就开始修筑家祠。

家祠即家族的祠堂，又称家庙，是族人祭祀祖先或先贤的场所，主要表达怀抱祖德、慎终追远、饮水思源、报本返始的感情，也是家族办理各项事务、商量重大决策、婚丧嫁娶、生儿育女举办宴会的重要场所。族人违反族规，也要在这里处理。一般由族长在这里行使族权。有的宗祠附设学校，族人子弟就在这里上学。

祠堂建筑一般都比民宅规模大、质量好，基本都是由本族富户或者权贵之人倡议、捐款，发动家族所有人集资修建的。祠堂越宏伟、越讲究，意味着家族的势力就越大。祠堂已经成为家族光宗耀祖的一种象征。

（1）堂号吉祥名称。祠堂多数都有堂号，堂号大多书写漂亮遒劲，制成金字长匾，高挂于正厅，旁边另挂有姓氏渊源、族人荣耀、妇女贞节等匾额,并配有联对。还有的金匾为皇帝御封,可制"直笃牌匾"。祠堂内的匾额之规格和数量都是族人显耀的资本。

丘姓有"扶风堂""吴兴堂""河南堂""齐郡堂"等堂号。

赵姓的"半部堂",出自北宋王朝开国宰相赵普"半部《论语》治天下"的典故。

周姓的"爱莲堂",出自北宋理学周敦颐《爱莲说》,喻出淤泥而不染。

王姓的"三槐堂",出自北宋王祐"植三槐,自知子必贵"的故事。

孙姓的"映雪堂",出自西晋孙康映雪夜读的典故。

(2)对联吉祥话语。祠堂正门、天井廊柱、正厅上一般有对联,内容多为瓜瓞绵绵、人文荟萃。如永福县的林家祠堂对联:

出仕永邑根深蒂固;来于闽莆源远流长。

八闽远绍人才蔚启;甲第连绵冠戴更昌。

承宗祖尊严日勤日俭;教儿孙正路惟读惟耕。

歌大学栽培桃李与社稷;颂宗亲抚育栋梁建国材。

此日报神恩祈祷神光常庇佑;今朝酬圣德默祝圣泽永蒙庥。

西山瑞满三仁著绩;河水祥钟双桂流芳。

忠孝有声天地老;古今无数子孙贤。

松木公椒木叔双木成林同公叔;崧山宗岐山支两山叠出共宗支。

羡我们前班祖宗大都规矩善良讲究五伦四德;劝若辈后生小子不可丧失人道搞得乱七八糟。

双桂有遗风辞藻缤纷贻奕古;九龙欣派衍文坛独擅耀千秋。

林姓本支繁环绕鳌山人济济;宗族昭楷模敬陈俎豆胤绵绵。

系溯莆田尚德莲塘开蕊榜;祠修福地远期瓜瓞衍藩支。

7. 家训族规的训诫语言

在宗法制度下，家族拟定一定的行为规范来约束家族中人，这便是家法家训。家训也是家谱中的重要组成部分，这是每部家谱必载的内容，被看作是家风、家法，具有独特的家族吉祥文化特色，它对传统宗族教育起了很大的作用。

家训族规在我国有着悠久的历史。周公旦有《诫伯禽书》，司马谈有《命子迁》，三国时期有诸葛亮《诫子书》《诫外甥书》，南北朝有《颜氏家训》，唐太宗有《诫皇属》等。后来又增加了世范、增广贤文、家诫要言、治家格言、弟子规、家书、示儿女等。家谱中则多以条文形式，记录许多要求和治家教子的名言警句以资子孙遵行。这些都是吉祥语言的范畴，属于"传家宝"。

家训的主旨是推崇忠孝节义，教导礼义廉耻，明确提出提倡什么和禁止什么，大致包括以下内容：遵守家法、国法，和睦宗族、乡里，孝敬父母、长辈，行为合乎礼教，严格按照墓祭程序定时祭祀祖宗等。

家训族规的内容十分庞杂，作用主要是以宗法来管理家族。族中有事共同商议，仔细斟酌，不得一两个人私定大局；议事办事要心平气和，不能因意见不合动怒，耽误公事；族中有失和的事，应听从有威望的老人调停，否则家法惩治，不能同族相斗，被外人耻笑；族中尊长有规劝后代的责任，族内有不务正业的，应指点迷途，不能任其自暴自弃，其中屡教不改的，家法惩治；男女老少，长辈晚辈，都要各尽其责，在任何地方无论路上还是家里，都要尊老爱幼；族中若有寡妇改嫁，本族人不能再娶，以免乱伦；辈行严格按照谱中排定的字，用完续增，不得任意取用别的字；凡前人已用的字，后人应回避；有改名或添子嗣的，须注明，以备后人重修张本；族中备置的产业和所存款项，无论盈利亏损，每年拟出一份清单，使族人共知，不得损公肥私。

除了传统的宗法内容外，还有诸如财产继承、婚姻纠纷、禁盗禁赌、封山禁林等。一般包括孝父母、友兄弟、睦宗族、洽姻邻、端闺化、择婚姻、供赋役、尚节俭、训子弟、存心地、勤职业、存厚道、安本分、崇廉节、恤孤贫、存忍让、慎言语、勿酗酒、戒浮荡、勿多事、戒健讼等相关行为要求的内容。

（二）邻里睦善的吉祥语言

民间有"千金置产，万金置邻""远亲不如近邻，近邻不如对门""能得罪远亲，不得罪近邻"之类的吉祥说法，从中我们可以看出邻居和睦的重要性。

邻里，俗称"左邻右舍""街坊邻居"。在自己住宅前的，称"前屋邻居"；其后的，称"后屋邻居"；其左右的，称"隔壁邻居"；隔街相对的，称"对门邻居"；迁居后，称过去的邻居为"老邻居"。处理邻里间关系，俗称"搿邻居"。

1. 邻里互助为吉祥

邻里相处涉及人们生活的多方面，触及劳动生产的许多环节，以互助为主要内容。换工或变工习俗：几家几户联合，这几日为此家干活，那几日为彼家干活，其劳动量大体相当。插犋、合犋习俗：一家有役畜，一家有车或有大农具，或几家合养一头牲畜，大家农具互补，互相帮助。插伙或搿伙习俗：几家几户常年互相劳作。工换工习俗：劳力多的户可以帮无劳力的户耕种，无劳力的妇女帮有劳力的做鞋、缝衣裳、纺棉花。此外，如借驴推磨、轧碾、走亲戚，借车借船办急务等，更是常事。海岛渔村推船、拉船，只要号子一响，男女老少纷纷跑来海边，这是民众在常年齐心协力斗风浪中形成的特殊风俗。湖区渔猎中的二网逮鱼、围罱、敲星、砸凌起草、猎雁猎鸭等劳作，都需亲邻之间的互助协作。

在广西壮族自治区有"打背工"的习俗，就是在农忙的时候，众人帮助缺少劳动力的人家耕种收获，主家只需要给帮工者提供一顿午饭即可，如果主家生活实在困难，不能为大家提供午饭，众人则各自回家吃饭。当地民众认为，如果村子里出现由于缺少劳力耕

种而使田地荒芜或者因生活困难而外出乞讨的现象，那将是村寨里极不光彩的事情，会受到其他村寨的嘲笑。

日常生活的邻里互助，突出体现在邻居的红白喜事方面。红白喜事"行来往"，上礼钱，实际最初就是一种互助方式，主家把零钱聚成整钱，就可把事办好，不然靠一家一时难以拿出那么多的钱来操办。如一家有喜事，邻里不仅送一点钱（称"人情""份子礼"），更多的是不呼自至纷纷前来帮忙，如帮记账、帮采购、帮招呼客人等，在邻里的帮助下，一会儿工夫就可把所办之事办利索。在鲁东山区有一种"填箱"习俗，亲邻家闺女出嫁，邻里街坊送去一些果品填在出嫁女的箱子里，帮助出嫁女应付闹洞房的人。因为所需果品量大，一户之力难以承受，故亲邻都送来填箱的桃酥、饼干、水果等果物。儿媳妇或出嫁闺女生小孩，亲邻送一些红糖、挂面、鸡蛋，作为坐月子、送祝米之用。反之，不参加这些邻里的互动，"关起门来过日子""磨眼朝天"，是不吉祥的。

20世纪50年代初，枣庄市山亭区红山峪村建立了"老年社"。老人去世，为解决丧葬中的困难，老年社成员每家送一定数量的煎饼和资金。后来村内老人去世，采取丧主"请"的方法，从十几家执事的人中，请煎饼、现金及所用桌椅板凳等殡葬用的器具，丧礼后，丧主将所请的煎饼按价奉还现金，其他用具退还。请的至亲的煎饼，折价还钱时，至亲均婉拒不取，作为"助丧"。这一互助的风俗，使老人得以顺利安葬。

建房修屋方面的互助，在农村是经常性的，包括备料当中的伐木、采石、运沙、运土、运砖瓦，开工后的和泥、挑水、来往递料等俗称"当小工""打下手""拉下脚"的活儿，几乎全靠邻里"帮工"来完成。

日常生活中，邻家失火，邻居们主动前去救火，尤其在吃水困难的山区农村，每家水缸里的储水本来就少，但听说谁家失火，倾其所有挑去救火是再平常不过的事了。谁家有人得了急病，要去医院，不管是翻山越岭，还是蹚水过河，邻居们都会不畏艰险，全力以赴，并相助钱粮衣物。至于"三把韭菜两把葱""三碗饺子两碗面"的互助，更是难以计数。

在农村，谁家闺女该找婆家、儿子该找对象，亲邻们时常挂心上，主动帮着张罗，主家大部分却不知道。有的男子难找对象，邻居家会当成自己的事情，东奔西走给找对象，充当媒人。

2．"邻居碗换碗"

邻里交往首先是"邻居碗换碗"的交情，今日你做了特殊的饭菜盛给我一碗，明日我做了好吃的也要盛一碗给你。在农村，谁家突然来了客人需留下吃饭，临时没有的饭菜，可以到邻居家借，有的邻居知道邻家有客人来会主动送去饭菜，帮助招待客人。

3．"喝邻酒"

为处好邻里间的关系，很多地方都有"喝邻酒"的习俗，就是借着来客人的机会，请邻居作陪，或者借着春节等节庆，互相宴请。迁入新居的人家，首先将一幅新对联贴上：移来新舍寓，还是旧邻居。表示新邻居与旧邻居一样亲密，待收拾好，便备酒饭宴请四邻，以期和睦相处。

4．"办公事"

村子里红白之事称为公事。村里婚丧等重大事情过去由头人，现在由村干部统一安排，一般小事由各家各户自觉派人捐物帮助。如村寨中无论是哪一家有婚丧嫁娶之事，人们会自觉按照俗例来到主家，由头人（村干部）统一根据各人的特长进行分工，把各种事项礼仪安排得井然有序，无须主家操心，这叫"办公事"。随着时代的进步，为了体现新事新办的精神，有的村还成立了各种形式的红白喜事理事会，对村里的红白喜事统一进行管理策划，既杜绝了大操大办，又加强了邻里和睦，村民团结。

5．"和气门"

乡村在街道、院落等布局和结构方面体现了方便交往的特点。有

很多地方，两户人家相邻的墙头都很低，可以互相传递一些对方急需的物件。在这一方面，广西永福县的"和气门"最为典型。永福民风淳朴，很多地方夜不闭户，龙江乡社边屯就是这样。整个村子到了夜晚，没有一户人家关门上锁。如果谁家关门上锁反而会被别人嘲笑。百寿镇新隆村的大允、小允两个自然屯，家家的房屋都有一个门相通，进入村头第一家，不用出大门便可以走到村尾最后一家。建筑风格很有特色。十家八家的房子都是连在一起的，房与房之间有门互相联通。谁都可以从别人家直接回自己家。当地的人把这种连在一起的房门叫作"和气门"。

（三）称谓吉祥语

称谓语中，有很多属于赞美语、誉称、尊敬语、文明语、委婉语言。这些语言都有利于交际，具有吉祥的意义。

1. 领导称谓

民间用"姓+职务"的形式称谓领导，对非公职人员称老板、老总、头儿、掌柜的、当家的。

2. 同事、朋友称谓

方言称同事为伙计、合伙儿的、一块儿的，称把兄弟为干兄弟儿，称亲密朋友为相好儿的、哥们儿、弟兄们、铁哥们儿，称同学为一个学校的、同班的，称临时组合的群体为凑班子、凑班子和尚，称乡邻为老兄台、大哥、二哥、大兄弟。

3. 誉称有才能的人

方言称内行为老手儿、行家、熟手子、老家局儿、老本把、老交、老在行、行范、明家，称第一流的为大拇指、大拿、大能人、能手子、巧手子、好样儿的，称肯干的人为干家子，称有一技之长的人为老师。

《水浒传》还以绰号誉称英雄：神机军师朱武，跳涧虎陈达，打虎将李忠，小旋风柴进……

4. 誉称有品行的人

方言称诚实者为实在人儿、老实人，称处事大方者为场面人儿、利亮人儿，称有志气者为有种儿的。

（四）村落讲究

我国人民在漫长的农耕社会中，绝大多数居住在乡村，从事农耕生活，这种居住格局和生活格局有相当长的历史，人们的社区生活主要在村落空间实现，所以村落民俗是一种极为重要的社区民俗。村落是人类社会发展到一定阶段的产物。它通常是由若干个有着亲缘关系的家庭（住宅）组成的一种具有一定布局规律的物质空间。村落作为人们一种定居行为以及其所包含的意识观念，构成了居住文化的一部分。俗话说的"庄户人家""乡里乡亲""同乡""乡土风情"等所表达的实际上是以乡土村落这个共同居住地为基础而生发出来的各种关系，也蕴含着诸多相关的吉祥语言。

横塘图

村落的名称，一般用"村""庄""屯""店""家""寨""集"等作后缀，也有用"楼""寺"和"庙""畚""疃"的。村落的名称包含着丰富的社会、文化和历史、地理内涵，同时往往带有浓厚的吉祥色彩。

1.有很多村名冠姓于前，说明这个村庄的形成或者变迁与这些姓氏有很大关系。如"王家村""孟刘庄""崔寨""闫家集""张华楼"等。这些村落的名称，就是这些姓氏的荣耀。对于他们来说，就是最吉祥的称号。

2.以村民职业特色为村名。这些村名都具有广告的作用。如"豆腐刘""豆腐张""鹁鸽李""打磨张家"等。如山东济宁嘉祥的竹匠李村，明代李姓由济宁竹竿巷迁此建村，名李家庄，后以制作竹器闻名，改名为"竹匠李"村，如今仍以手工业为主，农业为辅，所编制竹器远

— 171 —

近闻名。聊城茌平的枣刘庄是园铃大枣的优良产地,历代都以此地的大枣为贡品。这里原称十里枣园,明初刘氏迁此立村,人们便称其为刘家枣园,后来改为枣刘庄。即便有些由外人命名的村庄名称不雅或不吉,也因已经约定俗成只能暂且接受,待以后再找机会更改,如剪子营改为立子营、杀猪邢家改为沙珠邢等。这些村名,也是当地民众的品牌和荣耀。

3. 以美丽传说命名。如山东省栖霞县有山名凤凰顶,传说古时凤凰在这山上跳了三跳,叫了三声,于是现在有"东三跳村""西三跳村""东三叫村"和"西三叫村"。用美好的故事,讲述村庄的历史,自然具有吉祥意义。

4. 以名胜古迹为村名。以此命名的村大部分历史文化底蕴深厚,如长城岭、韶院、齐陵村、夫子洞、林前、五霸岗、黄巾寨、扳倒井等,其中有的还与传闻轶事相结合。山东省淄博市临淄区的矮槐树村,传说因齐宣王经此留过宿,而名宣王店;后因北宋时宋太祖过此,在矮槐树上挂过袍,又改名矮槐树。历史的沉淀,就是这些村落的光荣。

5. 以吉祥嘉言命名。这些村庄的名字基本上都是村民自定的,个别也有官定的或某个名人给定的。这类村庄取名,多用太平、兴隆、安平、安乐、义和、凤凰、卧龙等字眼,其中以用"太平"一词的为多,全国有近千个。以吉祥嘉言命名的村庄也多有因原名不雅或不吉而改来的,如窝落改为卧龙,打狗庄改为利农庄,石坟官庄改为新立村等。山东省临淄的辛兴,原是明代范姓建的范家官庄,后来仁姓迁入,因为"人吃饭",谐音犯忌,便改作今名。而小辛庄却因县官认为与"小心"谐音不吉,被改作太平庄。

6. 有些村庄改名是为了紧跟时政,不管是新潮还是复古,也体现了吉祥含义。如解放、劳模、红星、爱国、红卫、黎明、旭升、向阳、东风、上游、立新等。

第六章 吉祥语言的表现（下）

一、人生礼仪吉祥语言

人生仪礼即人生成长礼仪民俗，是一个人一生中所要经历的各个重要环节的一些规定，如满月、百日、抓周、周岁、命名、生日、成年、本命年、婚娶、大寿、丧葬等等，涵盖人生中所有具有纪念意义的红白喜事。人生仪礼习俗是社会民俗的重要部分。我国向来被称为礼仪之邦，因此，有关仪礼之事，各阶层都颇为看重，世代相因，成为一种社会礼俗。

这些人生仪礼习俗异常丰富和完善，无不围绕人生大事而展开进行。它们在我国仪礼习俗中占有重要位置，体现了我国民俗中最为吉祥的祝福惯制。

（一）婚嫁吉祥语

1. 婚书常用吉祥词语

旧时婚姻没有结婚证，男方行聘要订立文书，称"文定纳彩"。

纳彩书除了形式上的语言要求之外，多为四言吉祥语：如凤求凰、乃倡乃襄、庆集华堂、鸾凤和鸣、琴瑟永谐、白头偕老、情深如海、天长地久、心心相印、五世其昌、笙磬同谐、百年好合、天作之合、花好月圆、花开并蒂、永结同心、喜成连理、幸福美满、志同道合、迨其吉兮、朱陈结谊、仙斧修月、情

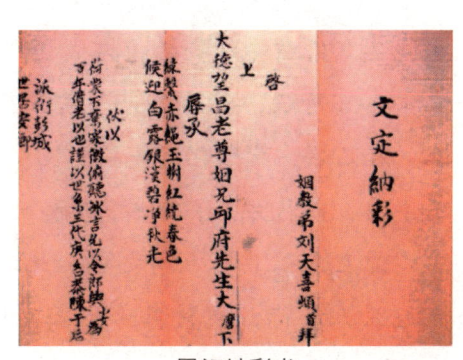

民间纳彩书

殷佳偶、阴阳以顺、光我民族、情投意合、天赐良缘、珠联璧合、双喜临门、美满姻缘、龙腾凤翔、玉树琼枝、莺歌燕舞、文定厥祥、门第以昌、静女斯扬、康乐无疆、彝伦叙祥、振彼纲常、举案齐眉等。

到"民国"时期，出现了文明婚姻、婚礼，有了订婚证、结婚证。其上除标明订（结）婚当事人的生辰和籍贯外，还得写清×年×月×日×午×时在×××举行婚礼，并由订（结）婚人、证婚人、介绍人、主婚人签章。在婚书上除配印（或手绘）相关吉祥图案外，还会选用一组吉祥词语。如：

旧婚书书影

  看此日桃花灼灼，宜室宜家，卜他年瓜瓞绵绵，尔昌尔炽。谨以白头之约，书向鸿笺，好将红叶之盟，载明鸳谱。

  嘉礼初成，良缘遂缔。情敦鹣鲽，愿相敬之如宾，祥叶螽麟，定克昌于厥后。同心同德，宜室宜家，永结鸾俦，共盟鸳牒。

  经烛催妆，青庐交拜。既成嘉礼，乃始造端。鸿案相庄，佳话犹传。于现代鹿车共挽，芳尘敢步乎前。

  珠联璧合，欣看红线紧系。花好月圆，喜卜白头永偕。

  从兹缔结良缘，订成佳偶。志同道合，早经牢系赤绳；意洽情投，行看永偕白首。花好月圆，欣燕尔之将咏；海枯石烂，指鸳侣而先盟。

  嘉礼方成，良缘永缔。一心一德，同推时代之轮；互爱互勉，共创人群之福。此日鸳盟初结，鸿案情深；他年兰玉成行，梁材辈出。家庭模范，民族启基，石烂海枯，相与共勉。

2. 婚礼仪式吉祥语言

在婚礼的整个过程中，都有与之相关联的吉祥语言。如铺房、传袋、合卺、撒帐、吃子孙饽饽等，都饱含了早生贵子、儿女双全的祝愿。

（1）"早立子"。新娘陪送嫁妆中，往往要放一定数量的红枣、栗子、莲子、桂圆、染红的花生等物，其寓意就是早（枣）立子（栗子）、连生子，还要儿女双全。这些

百子图

物什多放在被里，或拴在被角。有的在被子里缝上枣、栗子，在被角拴上古代用的铜钱。在放这些东西时，老人们会唱一些吉祥歌谣，如"一把栗子两把枣,闺女小子往家跑"等。枣和栗子代表"早早立子"，铜钱则代表新人和他们的孩子会大富大贵。济南一带闺女出嫁，娘要在陪送的箱子里放一对芝麻秸、一对豆秸，还说着一些吉祥话："押上一对芝麻（豆）秸，生个孩子好做官儿。"而嫁妆中的绣花被、绣花枕头上，除了绣上鸳鸯戏水的图案，还要绣上莲花荷叶，象征连年多子；绣上石榴，表示多子多孙。在沂蒙山区，婚礼用品中还少不了筷子一扎，筷子谐音"快子"，也是早生孩子的意思。

给新郎新娘铺床，一般是在婚礼前一天的晚上。铺床的人一般都是儿女双全的"吉祥人"。铺床时，床上先铺高粱秸，根要向东，然后再铺豆秸、黄草或者麦穰。还要放上大葱和蒿等，俗信铺高粱秸，生子长得高；铺豆荚，生秀才；铺大葱，生子聪明；铺蒿，生子好。歌谣说"放上高粱茬子,生个带把子""放上芝麻秸,辈辈出大官""放上豆秸,辈辈出秀才"。届时，新郎、新娘还要共同填枕头（两个），长辈们会教他们说："一填金，二填银，三填儿女一大群。"

（2）"传袋"。新娘下轿时，脚不许沾地，脚下要踏布袋才行，而这些布袋由众人互相传递，寓意传代（袋）。一对新人男前女后地走在麻袋上，众人要传递着麻袋，一个袋一个袋地接着铺。铺袋的人喊着"传代，传代"。

（3）"跨火薰，抱孙孙"。在婚礼中，当新娘到婆家时，要跨火薰或跨火盆。这种仪式在全国都十分流行。跨火薰就是在男方家门槛外烧堆草，让新娘从火上跨过。跨火盆则不是烧草，而是用烧炭盆燃盆火，让新娘从上面跨过去。新娘跨火薰或火盆时，主持仪式的人要讲几句诸如"过火气，百般都不畏""跨火薰，年年春，隔年抱个查埔孙（男孙）""跨得过，夫妻和好百岁"的吉利话。

实际上，跨火薰、火盆最初的含义是"薰掉"新娘身上的秽亵和不祥，今天虽也有避邪的意义，但更多的是祝福的功能。跨火盆象征夫妻婚后的小日子过得红红火火，早得贵子。

（4）撒帐歌谣。新郎新娘进入洞房后，分男左女右并朝着喜神所在的方位坐下，谓之"坐帐"。坐帐时，有人端来栗子、红枣、花生、桂圆、核桃等撒向帐中，谓之"撒帐"。各地撒帐词略有差异，均为求子等吉祥语言：

一把栗子一把枣，明年生个大胖小。

一把撒到床里边，生下儿子做武官；二把撒到床外边，生下儿子做文官。

一把栗子一把枣，闺女小子往家跑；一把麸子一把糖，闺女小子挤满床。

一把莲子一把枣，小的跟着大的跑。

花生，花生，闺女小子花搭着生。

一撒麸，二撒料，三撒新媳妇下了轿；一撒金，二撒银，三撒新媳妇进了门；新媳妇，好脚手，走路好像风摆柳；今年娶，明年抓，来年就要生胖娃。

明清时代的一些《撒帐歌》更有意思：

一撒一世吉祥，夫妻配就鸳鸯。红罗帐，合欢床，夫妻二人喜洋洋。龙凤和，志气昂，同心同意在中央。

　　二撒二仙传道，恩爱相会在今朝。未出嫁，心内焦，今日见面乐陶陶。逍遥府，龙凤交，生下儿郎中英豪。

　　三撒三元及第，新人偷眼留细。望郎君，多如意，今夜恩情两相戏。绿波转，金鱼戏，相请郎君步云梯。

　　四撒事事如意，情意放在心里。锦帐内，龙凤戏，来年生个小把戏。放蓝芽，开内蕊，新郎新人更如意。

　　五撒五世其昌，紫气溢满新房。莺歌传佳音，金屋耀祥光，来年定会生胖男。

　　六撒六部堪夸，儿郎必中鼎甲。志同道合创业，龙凤呈祥传佳话。

　　七撒妻子团圆，婚姻五百年前。在闺阁，心愁烦，今晚又抱帅情郎。生儿男，大才干，一方亲友都喜欢。

　　八撒八仙齐到，云雨巫山都妙。窈窕女，君子好，心猿意马是年少。

　　九撒九世同堂，夫妻意气轩昂。夫尊贵，妻贤良，举案齐眉福寿长。入罗帐，上喜床，鸾颠凤倒效鸳鸯。

　　十撒十都撒全，诸位听我说一言：月东升，半夜天，闹到这会才算完，让他二人一头眠。

（二）生育吉祥语

1. 求子吉祥语

（1）上床子。如果当年怀孕，叫"上床子"，民间以为这样的孩子聪明，这样的媳妇能做活。

　　"当年媳妇当年孩，当年没有等三年。"三年没有生育孩子的人家，往往会采取一些约定俗成的方法来祈求怀孕。

（2）添灯添丁。元宵佳节，各地民众有"添灯"的习俗，就是在门口、院内、水井、祖坟等处送上各种各样的灯。灯，有面制的，有萝卜制的，

第六章　吉祥语言的表现（下）

除了祭祀的含义之外，还因"添灯"与"添丁"音近，形成"人丁兴旺"的吉祥寓意。广东有"开灯""庆灯"习俗，去年生了孩子的家庭，更是要吃"灯酒"。元宵"闹灯"，灯愈闹，人丁旺。

（3）拴娃娃。求子风俗，据古书记载，上古就有之。古书中关于求子的习俗很多，旧时，人们认为人间的各种事情，在天上都有一个神仙主管，生育也不例外，同样有一个神仙主管，这便是送子神祇。

拴娃娃，又称"拴喜""拴孩""抱孩子""叩儿"等，中华人民共和国成立前全国各地都十分流行，一般都去泰山的碧霞元君祠、斗母宫、王母池和各地的白衣庵、子孙堂、张仙庙、奶奶庙之类的地方，不过也有去土地庙的。参拜的通常是送子观音、送子奶奶、张仙和送生娘娘等神祇。

更多的人是在当地的庙中拴娃娃。在农历的正月十六日、三月三日或三月二十六日、四月八日，久未生育的妇女手拿一系有铜钱的红绳到送子奶奶庙或当地的仿山庙会，跪拜在送子奶奶面前，口里念念有词："梳头洗脸到庙堂，双膝跪在地当央，烧香磕头祈神灵，赐给俺家一儿郎。"然后给婴儿起一乳名，将手中拿的红绳系在送子奶奶身上众多泥娃娃中的一个，转身就回，边走边念："儿啦儿啦跟娘走，咱家可比这里强，堂屋住的你奶奶，西屋便是咱的房。等到我儿出世后，奶奶照看娘喂养，舅舅给你买玩意，爹娘给你买衣裳。"进家门后，就将红绳系在桌子腿上，俗称为"久居立业"。有的地方在拴了娃娃后，还要抠点泥娃娃身上的干土，用布裹上揣在怀里，回家时也要念叨："儿啦儿啦跟娘走，饿了给你买碗饭，渴了给你买碗粥，别向别处去，跟娘回家走。"到家后，要将泥娃娃土和水吞服。还有的地方在娘娘庙求子时，须将自带的玩具小男孩供奉于送子娘娘灵位前。烧香祈祷后，趁人不备，裹起就跑，以为这样回家后就能得孕。但如果被人看见，那送子娘娘送来的小孩就会被吓跑，人们的愿望也就不能实现了。求得的瓷娃娃要锁在一个隐蔽的箱子里，直到产下的孩子结婚后才能拿出。生了娃娃还要去还愿。

（4）取花。有的地方到娘娘庙像前去"取花"。带上小三牲菜碗、金银纸钱等，由一老妇人陪同，在娘娘像前祭献跪拜、祷告；然后拔圣杯，看是否可取花，如不能，便一直跪下去，直到终于得到拔圣杯，祈子者跪着撩起衣襟，由陪同老妇将娘娘头上的花或神座前他人还来的花，放入衣襟中，并说此去可以给你多生子，生了后，再来拜生胎妈做干母。虽地域不同，方法稍有差别，但大致相同。

（5）偷食。即偷吃某种食品、瓜果等用以祈子，如喜蛋、瓜等。《中华全国风俗志》载贵州偷瓜送子风俗：

> 贵州中秋节有一种特别的风俗，为各省所无者，即偷瓜送子者是也。偷瓜于晚上行之，偷之时故意使被偷人知道，以惹其怒骂，而且骂得愈厉害愈妙。将瓜偷来之后，穿上衣服绘上眉目，装成小儿形状，用竹舆抬送，有锣鼓随之，送至无子人家。受瓜之人须请送瓜之人食一顿月饼，然后将瓜放在床上，伴睡一夜，次日清晨将瓜煮而食之，以谓自此可怀孕也。

广州则是偷吃莴苣求子。《清稗类钞》载："广州元夕妇女偷摘人家蔬菜，谓可宜男。又妇女艰嗣续者往往于夜中窃人家莴苣食之，云能生子。盖粤人呼莴苣为生菜也。"

（6）舍饭。舍饭是祈子的又一种形式。这是受佛教"因果报应"观念影响而形成的一种吉祥民俗。人们认为，自己的不孕归因于自家的"阴功"不够，应该多做善事，求得天赐麟儿。所以，就有了借腊八粥舍饭的风俗。在做腊八粥时，祈子的妇女往往要放些杂物在里面，其中枣、栗子通常是不可或缺的。她们做饭时一边烧锅一边念叨："为儿省下一把米，为儿省下一把面，留到腊八去舍饭。"除了舍饭外，那些无子的夫妇或者吃斋念佛，或者做其他善事，如补路修桥、扶老济贫、热天施舍茶水、寒冬施舍衣服等，以便积累"阴功"，早生贵子。

2. 怀孕吉祥语

传统观念认为，生儿育女是家庭和亲族的一喜，与盖房、结婚并

称为人生三大喜事，怀孕就是"得喜"了，故怀孕一般称为"怀上孩子了""开怀""有啦""有喜""不利亮""重身""双身""有身子""带篓""小孩上身了""有事了""有喜了""有了"，等等。

3. 催生与添喜吉祥语

（1）催生。"十月怀胎，一朝分娩。"民间的算法九个月就算足月了。提前的就叫"抢月"，拖后的就叫"懒月"。对于抢月的孩子，有"七活八不活"的俗信，这也是一种经验，即七个月出生的孩子可以养活，八个月出生的孩子就很难养活。对于不是抢月的，到了临产前的几天，孕妇的母亲就往往携带一些礼物登门看望女儿，以期女儿早日平安生产，俗谓"催生"。催生礼有衣服、食品两类。衣服就是婴儿出生时所用衣物、鞋帽、包被、肚兜，甚至尿布。食品有鸡蛋、红糖、桂圆、核桃等。

（2）添喜。婴儿降生，俗称"添喜"，在不同地区又有"添孩子""拾孩子""落草""临盆""添了""拾了"等不同说法。根据婴儿性别，添喜又有不同称呼，生男孩叫作"大喜""弄璋之喜"，生女孩叫作"小喜""弄瓦之喜"。

4. 满月吉祥语言

（1）满月酒。小孩出生后长至满月，要举行隆重的礼仪活动，这就是满月礼。一般家庭这天要给婴儿"过满月"，或者叫"做满月"，祝贺婴儿母子平安，此谓"弥月之喜"。满月这天主家一般要宴请宾客，亲友们要前往送贺礼。

唐高宗龙朔二年（662年）七月，皇子李旭满月，庆典三日。这是关于做满月酒的最早记载。

（2）送银锁。在新生儿满月这天，奶奶、姑姑、婶婶等，都要赠送银锁。银锁种类很多，有项圈锁、项链锁、肚脐锁等，锁上铸有"长命富贵""长命百岁""三元""百庆"等吉祥字样。

（3）铰头。"过满月"时给婴儿理发，俗称"铰头"。山东铰头要在上午进行，铰头时须有舅舅在场，如舅舅不在，则在小孩身旁放一个蒜臼,谐音"舅",代替舅舅参加。

铰头时,孩子面前放一个升(也有的用簸箕),升里放镜子、艾、香和两棵葱。铰下的头发,有人用布包起来挂在屋檐下,也有人将其带到村外让大风吹走,吉祥谚曰:"大风飘,小孩长得高;大风扬,小孩长得强。"还要把两棵葱栽到地里,让其生根。济宁邹城一带,由姥姥铰头,给男孩边剪边说吉祥语:"前三后四,识文解字。"给女孩剪则说:"前七后八,插云插花。"

5.百日吉祥语

"过百岁"。婴儿出生后满百天,是一个重要的日子,人们一般会在此日举行仪式庆祝,叫"过百日",古称"百晬",民间俗以长命百岁为吉,遂俗称百岁或过百岁。过百岁,多在婴儿出生的第九十九天进行,一般由小孩的姥姥、姨或妗子等参加,关系亲密的亲戚朋友也有前来庆贺的。

过百岁时,通常是孩子的姑姑送裤,姨送袄,妗子送鞋帽,取"姑做裤,姨做袄,妗子做鞋跑不了(即长命)"之吉祥意。山东孩子过百岁时,讲究姑姑送裤,姨送袄,姥姥送帽子,吉祥语说"姑的裤,姨的袄,姥姥的帽子戴到老"或者"姑姑的裤子,姨姨的袄,舅舅的帽子戴到老"。还有些地方找一个盛粮食的斗靠柳树放好,让小孩坐在上面,叫作"倚着柳,坐着斗,小孩活到九十九",然后由小孩的姑和姨给他穿上新衣,叫"姑穿上,姨穿上,一活活到八十上"。

6.起名吉祥语

姓名本是代表人的一种符号,是一种称谓符号,姓名与本人本无必然联系,但由于它是人的代号,人与姓名也就有了联系。因此,孩子名字的好坏,关系重大。民间普遍认为,名字与人的命运有很大关系。

按照中国人的习惯,人的名字有小名(乳名)和大名(官名或学名)两大类。

(1)乳名。乳名方言叫奶名、小名。给孩子命名也是"过三日"的一项内容,乳名(小名)多是由祖父母或父母等长辈,或村中长者和族中有威望者，提前起好，在这天向亲友宣布，入学时请老师或识字解文的人起官名。也有的不拘时日，但一般宜早不宜迟。

有的地方还有"闯名"和"拾名"的习俗。孩子的父亲抱着孩子走到街头，碰上第一个人，就让他给孩子起名字，这就是"闯名"。所谓"拾名"，就是在生孩子的当天，孩子的父亲出门上路碰见的第一件东西，砖头、瓦块也好，土坷垃、木棍也罢，都可作为孩子的名字。

（2）美名。乳名往往有十分鲜明的性别特征，女孩常用花草、珍宝或其他美丽的事物为名字，如小花、小菊、小兰、小芳、小霞、小珍等，男孩则常用一些有阳刚之气的词作名字，比如小刚、小强、石头等，一定程度上反映着人们不同的性别期待。但起名远没有这样简单，人们给孩子起的名字可谓五花八门，起名字的规则也是多种多样。

现在给孩子起乳名，一般用美好的字眼，但也有沿承旧时起名习俗的。

一是用美好的重复字：宝宝、贝贝、乐乐、豆豆、毛毛、妞妞、成成、朵朵、阳阳、甜甜等。

二是用单字儿化：雪儿、可儿、韵儿、朵儿、婉儿、晴儿、玉儿、欣儿、湘儿、月儿、怡儿、贝儿、灵儿、梦儿、妮儿等。

三是按照旧时起名方式，前面加词缀，表示疼爱和可爱：阿虎、阿玉、阿宝、阿龙、阿豪、阿慧、阿琪等。

四是加"小""大"：小龙、小凡、小双、小宝、小雪、小宇、小凡、小宝、小雪、小宇、小咪、小石头、小甜甜、小豆丁、小燕子、小豆豆、小虎子、小灵、小贝贝、小鱼儿、大双、大宝等。

城里大多乳名、学名并用，如：晶晶——武晶晶，娟娟——唐娟，彬彬——张彬等。

（3）贱名。宋代俞成《萤雪丛说》卷一中指出："古者命名，多自贬损，或曰愚曰鲁，或曰拙曰贱，皆取谦抑之义也。……江北人大体认真，故其小名多非佳字，足见自贬之意。"如《庄子·达生》中有人名祝肾；《列子·汤问》中有人名魏黑卵；《北梦琐言》中有人名孙卵齐、郝牛屎；《左传》中晋成公名黑臀，卫侯之弟名黑背，鲁文公名其子曰恶；《汉书·功臣表》中有人名掉尾；《金史》中金兀术之孙名羊蹄，胡沙虎之子名猪粪；南朝宋武帝刘裕的乳名叫寄奴。民间常见的贱名有：大丑、二丑、小赖儿、二赖儿、傻蛋、赖渣、粪堆儿、狗屎、剩儿、臭臭、臭儿、臭妮子、淘气、狗儿、虎儿、牛、马、驴、鳖、狐狸、山、鸦、羊、犸子、钳子、缸子、起子、棱子、篮子、勺子、枝子、耩子、砖头、榔头、树林、铁头、斗儿、板头、石头儿、碌碡儿、麻妮子、裤套、大妮子、二曼儿、三子等。

（4）男人女名。还有一种贱名，即为男人起女名。清赵翼《陔余丛考》卷四十二就有"男人女名"条，载有大量的例证："古有男人而女名者，如帝有女娲氏，鲁隐公名息姑，《春秋传》有石曼姑，《孟子》所称冯妇，《庄子》所称偶女高，《战国策》所称女阿，《史记》恶来之子名女防，《荆轲传》'徐夫人匕首'注：徐姓，夫人名，男也。《汉书·郊祀志》有丁夫人……丁姓，夫人名，男也。《汉武内传》及《后汉书》鲁女生，长乐人，绝谷八十余年，仙去。《三国志·陆抗传》有暨艳。……《宋书》鲁爽小字女生……"①之所以把男人名字女性化，是因为女人在古代社会地位低，受歧视，男人女名，以期好养。

（5）口彩名。有的名字以口彩命名，如：安子、连子、住子、喜子、等子、运子、来子、生子、连贵子、长举子、拴住儿、留住儿、立住儿、来福儿、连兴儿、顺来、长臻、停妮子、住妮子、转妮儿等。还有一些是即景为名的，如：山子、梁子、洼子、长岭儿、春、冬子、十五儿、腊月儿、正月儿、三橇、站生儿等。兄弟姐妹乳名讲究连续，如：大妮子、二妮子、三妮子，二子、三子、六子、小七儿，大吉儿、双

---

① 赵翼著，栾保群、吕宗力校点：《陔余丛书》，河北人民出版社，1990，第759页。

吉儿、小吉儿，大起子、二起子、起妮子，连社、连县、连省、连国，富贵、富余、富财、富寿等。此外，女孩乳名多带"妮儿""妮子""嫚儿""女儿""倌儿"等。

生子多夭殇的人家，再生了孩子后，便借男丁兴旺人家的孩子名，接着向下排；或者跳过几个数字来排名，如已夭亡的叫小三，接着生的就叫小九。若是女儿多而没有男孩的家庭，往往给女儿起名"转""换生""招弟""带弟""唤弟""领弟""盼弟""增弟""见弟"等，希望能借此招来个男孩。如果女孩生在七夕，有的地方认为这是个不吉利的日子，就取名为"巧"，谓之以巧克巧。

（6）忌名。旧时儿童夭殇比例较大，人们迷信的认为是冥冥之中鬼、神钩索的结果。为确保孩儿的平安，不受鬼神的注意，父母多忌讳给自己的新生儿取一些"响亮"的乳名，诸如"寿""福""强""大"之类。

在巫术史上，名字具有与真人一样的含义。《管子·水地篇》："庆忌者，其状若人，其长四寸，衣黄衣，冠黄冠，戴黄盖，乘小马，好疾驰，以其名呼之，可使千里外一日反报。此涸泽之精也。"《春秋左氏传·桓公六年》记载了周人取名的六条禁忌："（取名）不以国、不以官、不以山川、不以隐疾、不以畜牲、不以器币。"

旧时乳名由长辈命名，是供长辈们叫的，如果其他人喊叫，就等于詈言。尊长者名字不可随意乱用，若与尊长者有相同的字或音必须避开或改动，不能和长辈重名，这就是家讳或私讳。

（7）学名。学名也叫大号、名字，旧时多由当地文人、小学私塾老师起名，严格按辈序字进行。学名一般由三个字组成，而且前两个字都是固定的，第一个是姓，第二个是标志辈分的字，第三个才是名。男子配以积极、美好、温敦的字眼，如：兴田、光东、玉范、兆新、继有、学仁、洪勤、振义、立忠、建信、成祥、大吉、友喜、庆松、正茂等；女子则偏重取艳名，如：花、叶、香、荣、英、艳、美、彩等。兄弟姐妹姓名最后一个字还可以连起来，形成口彩，如：

梅花满堂、高起来、昌泰、兴家业。现在农村孩子学名仍按辈来起，而城里已不再强调辈序，现在不少父母在孩子未出生时就将名字起好了。由于重名现象比较常见，现在城市里有些人开始给孩子起四个字的名字，乳名多是重复大名的最后一个字，叫乐乐、方方、圆圆、玲玲、朋朋、巍巍、荣荣等。

7. 家教吉祥语

家教主要包括育德、育才、育智、育情、育美等方面。传统的德育教育，受数千年封建思想和儒家道德思想的影响，多有"忠孝节义"等遵守礼法的内容，官宦人家、书香门第表现更是明显。

在号称"天下第一家"的孔府，家教形式随处可见。孔府修建的"忠恕堂"，是为了让孔氏世代记住祖先孔子学说及其思想；而"安怀堂"则是激励后代承继"老者安之，朋友信之，少者怀之"的志向。普通人家的家教也免不了受大户门第的影响，历史上著名的孟母择邻、断杼教子以及"二十四孝"的故事都反映着这些影响。

孟母教子图局部

但是，平民百姓更多的是通过言传身教的方式对子女进行诱导、训诫，多采用活泼的形式，如讲故事、忆往事等，教育孩子们以勤劳、勇敢、诚实、善良为荣，以懒惰、胆怯、撒谎、为恶为耻，同时多取材于现实，注重细节教育，如普遍盛行的要求子女吃饭节约，不要剩饭菜，掉下的饭粒要拾起来等。"耕读世家、望子成龙、光宗耀祖、书香门第、孝子贤孙"等美词是"有家教"的赞誉和教育目标。

（1）"养儿不教，不如不要"。传统文化提倡很小便对小孩进行思想道德品质、智力、技能等各方面的培养教育，旨在促进小孩全面成长，使其成为社会可造之才。"养不教，父之过""溺子如杀子"，人们有时指责人时谓之"少了教训"，这些从正反两面道出家教对人们思想、行为、成才所发生的作用。所以，"孟母三迁、孔融让梨、二十四孝、言传身教"等词语就成了教子有方的赞誉之词。

（2）母乳充足为吉祥。民间有吉祥谚语曰："猫恋食，狗恋家，小孩恋的是妈妈①""奶足孩子胖，肥足庄稼壮""奶好娃娃胖，水好庄稼旺。奶使娃娃胖，水使粮满仓。金水银水，不跟娘的妈妈水。金水银水，不如奶水"。民间认为，母乳充足，孩子肥肥胖胖是吉祥的一种表现。

（3）儿童活泼为吉祥。民间有吉祥谚语曰："又会哭又会笑，包子火烧一齐要""小儿待要不吃药，叫他多跑跳""待要孩子壮，少吃、薄衣裳""别怕孩子跳，就怕睡懒觉""磕打不煞的孩子，饿不煞的狼""小孩不蹿，长大无用"等。这些吉祥谚语多表达了孩童活泼好动，预示身体康健的意思。

（4）教子有方为吉祥。民间有吉祥谚语曰："树不砍不直，人不教不成""栽秧要趁早，教儿要趁小""子不教，父母过""棍头出孝子，娇惯无义郎""当面教子，背后劝妻""打是亲，骂是爱，不打不骂是祸害""穷养儿，富养女"。这些谚语蕴含着教育哲理，"教子有方"成为标志着教育成功的吉祥话。

（5）男耕女织为吉祥。到少年阶段，家长按照不同培养目标对孩子进行不同的教育。身处农业地区的家族长辈在田间劳作期间，把耕作技术、栽培技术、病虫害及其防治技术灌输给下一代；居住在山林地区的家族则利用一切形式传授各种动植物知识；家住海岛、湖河边的家族则在生产生活中教授孩子各种渔业生产知识；书香门第家族则教育后辈读书写字做文章。长辈还依据性别传授家技、家艺。这一时

---

① 妈妈：指乳房。

期的农家男孩逐步学会割草、搂草、放牛、放羊等一般活动,开始学习田间农活,诸如牵牲口、打滚轮、拔草、掰玉米棒等;女孩则学会刷锅、看小孩、喂鸡、剁菜、剪纸、绣花、做简单的针线活;而工匠、艺人之家,孩子则开始"打下手",学徒学艺了,许多世代相传的木匠、铁匠、染匠、民间戏曲艺人都是在这一阶段打下坚实的基础。男耕女织,人民安居乐业也是吉祥的表现。

(6)志在四方为吉祥。培养良好的人格,首先始于立志。齐鲁家族重视立志教育,要求子立大志,心系天下。孔子告诫其子孔鲤"志于仁""志于道",指出"三军可夺帅也,匹夫不可夺志也";诸葛亮则说"非志无以成学","志当存高远,慕先贤"。志在四方成为夸赞人们有远大抱负的吉祥话语。

(7)忠孝两全为吉祥。传统文化还把爱国视为健全人格的重要组成部分,匹夫有责、精忠报国、忠孝两全都是这方面的写照,也成为赞颂此方面德行的吉祥话语。

(8)为官清廉为吉祥。由于不少大家族都有世代为官的传统,因此为官之道也成为家族教育的另一重要内容。如若被人称赞"洁身自爱,为官清廉",则是为家族博得了美誉。

(9)正直公允为吉祥。正直公允即刚正不阿、不畏权贵,替百姓多做实事、好事,此词也成为赞颂人品格的吉祥话语。

(10)有礼有节为吉祥。受儒家文化的影响,中国家庭教育非常重视为人处世之道的培养,要求子弟宽厚谦和、待人有礼;诚信不欺,做到温、良、恭、俭、让。特别是礼节教育,我国民众自古就非常重视,尤其注重幼辈的交往礼节。交往礼节涉及幼辈与父母、长辈与晚辈、幼辈与兄弟姐妹以及与朋友之间的礼节。

(11)勤奋学习为吉祥。在不少科举家族和名门望族中,长辈亲自课督子弟。很多家族子弟自幼受到父辈潜移默化的影响,在长辈口耳相传、手把手的教导下,迅速成长成才。一门几进士、几代几进士的情况,屡见不鲜。

（12）家风清正为吉祥。民间最重"家风""门户""家声"，认为事业事小，门户事大。不少家族制定了严格的家规、家法，以期家风清正，门户不坠。

（13）勤俭节约为吉祥。几乎所有的家族都重视节俭生活作风的养成，勤俭被视为持家的根本。家长带头一生节俭，并且以此严格要求子孙，禁止奢华奢靡。

8. 生日吉祥语言

人的诞生之日简称"生日"。人从出生后的第一个生日，直至死亡，每岁都有不同的庆贺方式。

（1）寿辰。中国比较重视老人生日，过去有子女不成家立业不能做生日过寿的说法。一般而言，六十岁以下称"过生日"，六十岁开始过寿，雅称"寿辰"。因古代称老年人为"寿"，寿意味着生命的长久，而出于传统的孝道思想，每逢老人诞辰，子女必要为其举办隆重的祝寿仪式活动，大摆寿筵、广邀亲朋、登堂拜寿，以示孝心。

对于不同年龄的寿诞，分别有特定的称谓。六十岁称"下寿"，七十岁称"中寿"，八十岁称"上寿"，九十岁称"耆寿""眉寿"，百岁称"期颐"。其中七十七岁称"喜寿"，八十八岁称"米寿"，九十九岁为"白寿"，一百零八岁为"茶寿"。"喜寿""米寿""白寿""茶寿"其实是几则字谜。"喜寿"为七十七岁，是因为"喜"字的草体字，似"七十七"三字组成；"米寿"为八十八岁是因为"米"字本身便由"八十八"组成；"白寿"为九十九岁，因为"白"字是"百"字缺"一"；"茶寿"为一百零八岁是因为

群仙祝寿图局部

"茶"字是双"十"构成草字头,即二十,中部是"八",再下部是"木",即由"十"和"八"构成"十八",草字头的"二十"再加下部的"八十八",一共是"一百零八",因此,有祝寿送茶,表示祝愿长寿的习俗。[①]

(2)忌讳损头年。山东民间普遍忌讳七十三岁和八十四岁的寿辰,民间俗谚"七十三,八十四,阎王不叫自己去",迷信说法这两年是"损头年"。俗信认为人活到七十三岁是一道"坎",老人往往因迈不过这道坎而死去。八十四岁又是一道"坎",如果过了八十四这道坎,就可算是老寿星了。此俗的形成与孔孟二圣有关系,孔子称"圣人",活到七十三虚岁;孟子称"亚圣",活到八十四虚岁。人们认为普通人的寿命怎么能超过圣人呢?因此到了七十三岁、八十四岁时,老人都很忌讳。若到此时,有人问老人的年龄,他们往往回答七十二岁或七十四岁,八十三岁或八十五岁。此外,山东民间也有"三十三大拐转""人活五十五,阎王数一数"的说法,意为三十三岁、五十五岁也是一道坎。

(3)"过九不过十"。民间还有"过九不过十"的习俗。如曲阜地区,"庆八十"要在七十九岁时举行,俗谓"庆九不庆十",因方言"十"与"死"相近,成为忌讳;而"九"与"久"音同,大吉大利。还有的地方讲究"男不庆九,女不庆十"。给男子做寿,要用整数"十",称"整寿",每十岁为"一秩",也

蟠桃祝寿年画

---

① 周艾久、侯美莲编著:《中国寿文化图说》,学苑出版社,2002,第122—123页。

称"一旬",如六十整寿就称为"六秩"或"六旬"。给女子做寿,则提前一年举行,如五十九岁时庆祝六十大寿,称为"五秩晋六"。凡是男子不足十,女子不足九的庆寿,一般称为"散寿""散生日"。

（4）寿宴。祝寿之日,老人必食面条,称"寿面""长寿面"。主家大摆寿宴招待宾客,称"喝寿酒"。山东各地较为完整的寿宴在菜色、菜品、菜名等方面特别讲究。菜数重"九",即菜的总数要取九或九的倍数,因为"九"在个位数中最大,是阳之极数;且"九"谐音"久",寓意"天长地久",是个吉数,借此祝愿老人高寿。寿宴上的很多菜名都暗合三、六、九,如三鲜（仙）兽头、挂炉（六）烤鸭、韭（九）黄鸡丝、罗汉（十八）大会、重阳（九九）寿糕等。有的菜还用民间故事或神话传说来命名,借以烘托喜庆氛围,如双龙抱柱、瑶池赴会、麻姑献寿、八仙过海、鹿鹤同春、福如东海、寿比南山等。

福寿双全年画

二、生产吉祥语言

生产包括农耕、渔猎、畜牧,也包括小手工业生产,如作坊等。另外,中国以农耕为主的民俗文化不仅与传统天文历法、二十四节气文化相结合,也与各种行业的宗教习俗信仰相结合,如行业神祇等。在以上这些生产活动中,经常使用一些吉祥语言。

（一）气象吉祥语言

气象是指发生在天空中的风、云、雨、雪、雷、电等大气的物理现象。人们通过观察日、月、星、辰在天空中出现的多种变化，来预测未来的气象情况。如"八月初一下一阵，旱到来年五月尽"，说的是一年中八月初一下小雨，则预示着来年将有春旱；而"春雷打得早，年景错不了"，言春雷早打，则意味着当年丰收。

这些话叫气象谚语。其中有很多吉祥预兆和吉祥说法。如：

门槛里吃米，门槛外吃面：指日影的不同位置所标示的时令与年景收歉。太阳照在房室门槛里面，兆谷物丰收；太阳照在门槛外面，兆小麦丰收。

日落北风起，明天好天气：指日落时刮北风，意味着第二天是好天气。

月亮站，粮价贱；月亮仰，粮价涨：又作"月牙儿站，粮食贱；月牙儿躺，粮食涨""月牙儿站，粮食贱；月牙儿睡，粮食贵"。以月亮的变化兆丰歉。

星星进月，一年无祸：以星星的变化预示一年的祸福。

天河直，麦收齐：以银河的变化来判断麦收的时机。

（二）月令节气吉祥语言

二十四节气是我国历法特有的，它始于秦汉时期。二十四节气表示地球在轨道上运行的二十四个不同的位置。一年中白天最长，正午太阳最高的一天叫作"夏至"；白天最短，正午太阳最低的一天叫作"冬至"。二十四节气是我国古代天文科学的伟大成就，两千多年来在指导农业生产活动中发挥了重大作用。二十四节气的名称依次是：立春、雨水、惊蛰、春分、清明、谷雨、立夏、小满、芒种、夏至、小暑、大暑、立秋、处暑、白露、秋分、寒露、霜降、立冬、小雪、大雪、冬至、小寒、大寒。其中表示温度变化的有大暑、小寒等；表明作物生长情况的有小满、芒种等；预示四季变化的有立春、立秋等。

节气语言中，有关收歉的谚语，具有吉祥语言的特点。有的以天气、气候预测收歉。如：

三伏不热，五谷不结：三伏天反常，不利于作物生长。

雷打立春节，惊蛰雨不歇：预示着春雨绵绵，有利于播种。

清明早，小满迟，谷雨种棉正当时：谷雨为种植棉花的最佳时节。

冬天三场雪，来年吃馍馍：说的是瑞雪兆丰年。

正月十五雪打灯，今年一定好收成：元宵节下雪，兆丰收。

一连三个大，鬼神都害怕；一连三个小，打的粮食吃不了：大指农历大月，小指农历小月。另一种说法为"一年连三大，神鬼都害怕；一年连三小，生瓜梨枣吃不了"。以闰月兆丰歉。

天河一挺吃白饼，天河弯弯吃干饭，天河调角吃豆角：以天河的变化预测收成。

春雷打得早，收成一定好：春雷多，预示着雨水好，也说成"二月天打雷，麦谷田里堆"。

行下春风，望着秋雨；几场春风，几场秋雨：春风多，预示秋雨多，粮食丰收。

春下一犁雨，秋收一石粮：春雨很重要，关系到粮食的收歉。

冬雪是宝，春雪是草：说的是冬天的雪比春天的雪更重要。

一鸡二狗，三蚕四麦，五马六羊，七人八谷，九果十菜，十一棉花十二瓜，十三好天收豆角：民间将正月初一至十三日的天气阴晴状况作为动、植物丰收的预兆。

收花不收花，全看正月二十八：这天的天气情况决定了棉花的收歉。

四月干，五月旱，六月连阴吃饱饭：六月雨水多，有利于丰收。

六月初三雾蒙蒙，年景十成五谷丰：以这一天的天气，预测年景。

还有很多谚语，以节气预测收歉。如：

关于立春的："立春不逢九，五谷样样有""立春天气晴，五谷好收成""春打六九头，遍地走黄牛""春打六九头，吃穿不用愁"。

关于清明的："清明前后一场雨，胜过秀才中了举""清明有南风，夏秋好收成"。

关于夏至的:"夏至端午远,麦子有一闪;夏至端午前,庄稼老头泪涟涟;夏至端午后,提着猪头又买肉;夏至在月中,耽搁了籴米翁"。

关于立秋的:"立秋一场雨,遍地见黄金""立了秋,哪里下雨哪里收"。

关于小雪的:"小雪雪满天,来年必丰产"。

(三)农耕渔猎吉祥讲究

渔业生产有许多禁忌,相当繁复,因为每一项都直接关乎生命安危。造船时,对使用的木料要求很严格,吉祥的说法是"头不顶桑,脚不踏槐",因为"桑"与"丧"音近,"槐"由"木""鬼"组成,因此桑木和槐木都不能使用。吃鱼时,不能翻着吃,因为忌讳"翻"这个词。在船上,"箸"不能称"箸",只能叫"筷子"。因为"盛"发音接近"沉",也是忌讳的词,所以"盛饭"要叫"添饭"。

打猎也有很多讲究。出大门时忌碰见女人,猎具不许女人尤其是孕妇跨过;还有"七不出,八不入"的说法,即每逢七日、十七日、二十七日忌讳出门打猎,八日、十八日、二十八日不得猎后回家。狩猎期间不得射杀正在交配的动物,以确保动物的正常繁殖。

(四)手工业吉祥语言

旧时,手工业多属小商品生产,多数前店后厂。旧有歌诀说其行业之多:"金银铜铁锡,岩木雕瓦漆,篾伞染解皮,剃头弹花韦毕。"旧时手工业主要有花灯、制花、家具、皮箱、泥塑玩具、五金工具、篦梳、竹器、漆器、铁锅、纸伞、石雕、木雕、软木画、剪刀、竹筷、纺织,等等。印染业、金银业、锡器业、冶铁作坊、丝绸业、陶瓷业、补缸业、凿石业、砍柴业、

狩猎图

油坊、补碗业也都归到手工业里，包括理发、缝纫、澡堂等服务业。它们各有讲究，都追求吉祥含义。

1."师徒如父子"。有的作坊师傅招收弟子，从选徒、拜师、传艺到出师，建立了深厚的感情，故有此说。又加上过去的规矩，是学徒必须满三年，第一年帮师傅做家务，第二年才学艺，第三年能揽活、站柜台。拜了师，就是继承了师傅的手艺，就是有了一个饭碗，所以徒弟对师傅终生敬重。师傅对徒弟也采取的是家长式管制，类似父子。

2."无祖不立"。"我们这碗饭是祖师爷留下的"是行业里的人经常说的一句话。所谓祖师爷，就是行业的创始人，人们把他敬奉为行业神，认为祖师爷能传授他们技艺并能保住他们的饭碗。例如陶瓷业信奉黄公神，裁缝业信奉轩辕，冶铁业信奉李老君，五金业祀太上老君，木、石、砖、漆、窑业祀鲁班，医药业祀孙思邈，笔刻业祀蒙恬，纸业祀蔡伦，刻字印刷业祀文昌帝君，绘画、印染业祀梅葛翁，旅馆、面食业祀关帝，豆腐、粉业祀淮南子，茶业祀陆羽，皮业祀孙膑，油业祀木仙，饼业祀眉公。

3.技艺与行规吉祥话

长木匠，短铁匠，石匠九尺算一丈：说的是铁匠最精细。

热铁匠，冷石匠，不冷不热是木匠：言木匠工作较为舒适。

三分手艺，七分家伙：言工具很重要。

拼命刨子舍命锛，拉大锯的养精神：指木匠的几项工作特点。

木匠怕拆卸，秀才怕写帖：说的是每行都有软肋。

细工出巧匠，慢工出细活：讲的是工作要细致。

千日瓦刀百日锤，泥板一辈子学不会：言泥板匠功夫深。

寒门出孝子，严师出高徒：言学艺靠严格要求。

苦练三年，不如名师一点：言拜师学习的重要性。

一遍生，二遍熟，三遍四遍成师傅：说的是多练的重要性。

三句话不离老本行：言热爱行业之情。

三、贸易吉祥语言

自古到今，商贸行业的吉祥语言最多。南宋周辉《清波杂志》记古时有肉肆行、海味行、鲜鱼行、酒行、米行、酱料行、宫粉行、花果行、茶行、汤店行、药肆行、成衣行、丝绸行、顾绣行、针线行、皮革行、扎作行、柴行、棺木行、故旧行、仵作行、网罟行、鼓乐行、杂耍行、采輂行、珠宝行、玉石行、纸行、文房行、用具行、竹林行、陶土行、驿传行、铁器行、花纱行、巫行等三十六行。现在的行当更多。各行都有一些吉祥语言。

（一）忌讳和口彩

1. 各行均有许多忌讳语和口彩语。例如艺人把嘴叫"瓢"，哭叫"裂瓢"；把心称为"蚕子"，因为其多丝（思）；腿叫"金杆子"，眼叫"招子"，耳朵叫"顺风"，口叫"海子"。

再如，肉店卖猪头要称"卖利市"，烧猪头要称"烧利市"。药店习规更严，逢年初进货，须进"胖大海"和"大莲子"，取大发大利的意思；学徒进店，先挑拣"万金枝""金银花"和"金斗"，取意黄金银子，也有挑拣"柏仁"的，因柏仁似米粒，非常小，可以培养徒工细心办事的作风；说话也常以药名讨彩头，如"连翘"称"和合"，"红毛大戟"称"大吉"，"贝母"称"元宝贝"，"橘络"称"福禄"。锡匠行业将榔头称作"虎头"，剪刀称作"仙鹤嘴"，火炉称作"狮子头"。厨师行业将猪耳朵称作"顺风"，将鸭子称作"扁嘴"，将鹅称作"高头"，将鱼称作"戏水"，将糕点称作"上升"，将饺子称作"万万顺"，将醋称作"忌讳"，将水芹菜称作"路路通"，将黄豆芽称作"如意菜"。

酒店跑堂的叫菜，也用讨口彩的语言，如凉拌鸡说成"太子登基"，酒说成"天长地久"，以迎合客人的趋吉求利心理。

采参的人采参时要说"快当"。说工具时，也要加上"快当"二字，如"快当刀子、快当斧子"。放山人互相问好，见面时也说"把头快当"。

开店铺的人也有很多忌讳语和口彩语。关铺门称"吊扇子",缺货为"买起哒",算盘称"财盘",秤称"宝平",帽子称"尊顶",猪舌称"赚头",猪血称"旺子",胡椒为"古月",花椒为"喜乐",货物生虫为"生富",芹菜为"富菜",杈为"好",铁为"兴隆"。

2. 不能犯快。有的话能说,有的话不能说,说了叫"犯快",不吉利,犯忌讳。有十个字不能说,即神、鬼、妖、庙、塔、龙、虎、梦、桥、牙,人们最厌恶这"十大快",也有的仅限于"八大快"。内行对这十个字是绝对禁止的。如果谁今天要说出一个字来,就说明今天不吉利,生意要"出鼓儿",就是会出问题,甚至会"朝翅子""蛇鞭"(打官司,挨打)。内行说话都会避着这十个字。话里遇上这十个字,就说隐语,叫"湍春"。比如江湖艺人避讳的"八大快":团黄粱子——梦,悬梁子——桥,海嘴子——虎,海条子——龙,土条子——蛇,月宫嘴子——兔,土堆子——塔,柴——牙。

3. 丝绸业"摹本五花"吉祥图案的吉祥说法。丝绸业绣制的图案叫摹本,共分为五种图案样本,这五种图案样本均为吉祥图案,人们还给这些吉祥图案指定了很多吉祥说法:

摹本一花:荷莲三秋、芝仙竹寿、四季富贵、大八吉、万古长春、福禄寿喜、万代庆寿、大三秋、寿山福海、福寿图、鱼庆三多(双鱼、牡丹、石榴、桃)等。

摹本二花:大寿字、三秋、正身一品、太少狮、新松亭、福寿三多、蕉鹤、一品富贵、龙光、竹林鹦鹉、海棠蝶、万丹、江山万代、新耕织、芝仙寿、龙凤双喜、净双喜、五福寿等。

摹本三花:新大秋、新菊蝶、净竹叶、芝仙三多(灵芝、牡丹、石榴、桃)、芝仙富贵(灵芝、竹、桃、牡丹)、玉堂富贵、水浪金鱼等。

平花四花:梅兰竹菊、四令如意、万字长锦、三秋万字、八信寿、散八吉、菊花金鱼、如意双龙、水浪洋蝶、钱边万字、荷丹蝶等。

摹本五花:芝梅蝶、净百福、净三元、净冰梅、子丝蝶元、竹菊梅、富贵连元、菊蝶、净如意等。

（二）招牌与店号

坐商以招牌和商号吸引顾客，扩大商店影响。招牌的形式多样，有以实物、模型、包装品、额匾、旗子为招牌的，多悬挂于店铺门前显眼处，以引人注意。旧时商号多雕刻于木板之上，也有书写于铜、铁、亚铝铸成的板上的。现招牌、商号多以广告霓虹灯、铝合金、磨砂玻璃等材料装饰和制作。

旧时商家的字号多采用吉祥的字眼，期冀"买卖兴隆通四海，财源旺盛达三江"。如1930年济南绸布批发庄的字号：元兴、元亨永、裕茂公、鸿昌源、万聚公、公祥顺、广圣东、谦祥益、义兴公、福庆长、鸿祥永、双盛泰、益聚恒、东庆恒、瑞成亨、恒丰久、同心诚、协裕祥、益合泰、益泰兴、致和祥、裕同祥、裕庆祥、义兴厚、瑞祥义、裕茂源、聚丰恒、蚨聚、长兴公、天成东、荣庆泰、德兴长等。

清代学者朱寿彭，曾把平时所见字号集成一首《七律》，读起来既上口又有趣：

> 顺裕兴隆瑞永昌，元亨万利高丰祥。泰和茂盛同乾德，谦吉公仁协鼎光。聚益中通全信义，久恒大美庆安康。新春正合生产广，润发洪源厚福长。

有的饭店的名字追求风韵典雅，如：百花村饭庄、燕喜堂饭庄、聚宾园饭庄、海佑饭庄、子云亭、独一处、松竹梅食堂、东坡楼、小蓬莱、鹿鸣园、松竹楼等。

（三）其他吉祥讲究

1. 青龙匾。青龙匾为旧时民间传统的商业广告形式。柜台的里端，大都竖着一块"青龙招牌"，长方形，黑底金字，酒店多题"太白遗风""刘伶停车""杜康佳酿"等；米行多题"食为民天"；水果店多题"南北果品""四时鲜果"等；酱园店多题"调和鼎鼐"；锡箔庄多题"洪武遗风"；亦有的"青龙招牌"上，题有"童叟无欺""戒欺"等，以标明商店的道德规范。

2. 暗码。暗码就是交谈数字的隐语。每套暗码都代表"一、二、三、

开业大吉图

四、五、六、七、八、九、十"各数码。济南瑞蚨祥有五套暗码:"瑞蚨交近友,祥气招远财""心田辅百世,义理助千秋""诚纯守慎切,敏善就正习""恭从聪明睿,肃义哲某圣""江泗淮汝济,恒衡岱华嵩"。这五套暗码是统一制定的,各地分店可自由选用。济南各店常用第一、二套和第五套。

3. 争接青龙。杭州风俗元月十二日,各路龙灯都要到吴山龙王庙参赛,挂红点睛,俗称"龙灯开光"。随后,各路龙灯,飞舞下山,分别到大街小巷、富商巨贾家去舞龙灯、开利市。各店家为了"接青龙"都要争相迎人。舞龙者高举龙头,在招牌上兜一圈,然后绕着厅堂、店铺,盘旋飞舞一番。舞龙者还边舞龙灯,边吟吉利词,如:"天下太平万年长,青龙飞舞到店堂;一祝店家生意好,财源茂盛达三江;二祝店上多利市,生意兴隆四海旺;三祝东家身健康,多子多孙财满堂……"唱得店主高高兴兴,赐予香烛、点心和酒资红包后,才离去。

参考文献

[1] 赵翼.陔余丛书[M].石家庄：河北人民出版社，1990.

[2] 山东省地方史志编纂委员会.山东省志·民俗志[M].济南：山东人民出版社，1996.

[3] 叶涛，张廷兴.江湖社会习俗[M].济南：山东教育出版社，1999.

[4] 张廷兴.方言趣谈[M].济南：山东教育出版社，1999.

[5] 张廷兴.沂水方言志[M].北京：语文出版社，1999.

[6] 周艾久，侯美莲.中国寿文化图话[M].北京：学苑出版社，2002.

[7] 齐涛.中国民俗通志·民间语言志[M].济南：山东教育出版社，2005.

[8] 张廷兴，段东升.十二生肖与中国文化·生肖兔[M].济南：齐鲁书社，2005.

[9] 褚人获.隋唐演义[M].西安：陕西旅游出版社，2006.

[10] 张廷兴，梁熙成.永福福寿文化志[M].北京：中国档案出版社，2007.

[11] 张廷兴.民间实用文书写作规范与范例[M].南宁：广西人民出版社，2008.

[12] 李万鹏，罗福腾，张廷兴.中国谚语集成·山东卷[M].中国ISBN中心，2009.

[13] 张廷兴，刘海清，邢永川等.广西民间文学概论[M].北京：中国文联出版社，2010.

[14] 张廷兴等.中华民俗一本全[M].南宁：广西人民出版社2013.

[15] 张廷兴，邢永川. 桂地民间文化考察报告 [M]. 成都：电子科技大学出版社，2014.

[16] 袁枚. 子不语 [M]. 天津：天津人民出版社，2016.

[17] 张廷兴，董佳兰. 民间俗信 [M]. 济南：山东教育出版社，2017.

后　记

　　本人是社会语言学与方言专业硕士，在学业学习与以后的研究中，在导师薛德泰、钱曾怡、周星、叶涛、陶阳、陶立璠等先生的培养指教下，在语言学领域撰写和出版了《沂水方言志》《方言趣谈》《谐音民俗》《江湖交际》《民间俗信》，编写了《沂水县志》《山东省志·民俗志》中的民俗语言部分，与李万鹏、罗福腾先生一起历经近20年主持出版了《中国谚语集成·山东卷》，后来又担任中国民协《中国民间文学大系》（俗语卷）的专家组副组长，接触到大量的民俗语言，其中涉及很多吉祥语言。

　　读博期间，跟随导师王平先生、袁世硕先生，接触了大量古代文学、文献，从中深刻感受到中国语言文学的博大精深，此后撰写过几篇关于《金瓶梅》等小说语言文化方面的文章，以及一些关于山东方言称谓、谚语、民间詈语等语言文化方面的文章。

　　在刘德龙先生的主持下，参与了《民间俗信与科学文化》与"十二生肖与中国文化"丛书等图书的撰写，又有幸参与了"中华吉祥文化"丛书的撰写工作，打算在语言卷这本小书里，将自己的一些想法，从理论研究与社会科学普及的角度，进行系统的梳理。不当之处，敬请读者指教。

　　吉祥语言分散在民众的各种交际活动、生产生活实践中，要想将它们剥离出来，就必须把它们的使用语境说清楚，因此，必须叙述大量的民俗事象。在写作过程中，除了参考自己以前写过的《中华民俗》《谐音民俗》《中国民俗通志》（服饰卷）《江湖交际》《山东省志·民俗志》《中国谚语集成》（山东卷）等著述之外，还使用了很多相关学者的著述，在此表示衷心感谢。

　　本书还选取了近 50 幅图片，以图文并茂的形式向读者展示我们的吉祥语言，使此书更加通俗易懂，生动形象。

本书得到了泰山出版社的领导和编辑老师们的大力帮助。胡社长大力支持本丛书的出版工作，总编辑梁晓东及责编王艳艳都为此书付出了很多心血。在此表示衷心感谢。

本书还得到了审稿专家的热情指导。专家肯定了这本书，说"这本书稿比较扎实，内容丰富，通读的过程也是一个学习的过程，受到不少启发。感谢编者"，并提出了很多中肯的修改意见。这是对作者的极大鼓励和鞭策。在此表示衷心感谢。

张廷兴

2009 年 10 月定稿

2019 年 4 月 28 日改定

图书在版编目（CIP）数据

中华吉祥文化丛书. 语言卷 / 刘德龙主编；李学华，董佳兰，张廷兴著. —— 济南：泰山出版社，2020.3
ISBN 978-7-5519-0579-4

Ⅰ.①中… Ⅱ.①刘… ②李… ③董… ④张… Ⅲ.①中华文化—通俗读物②文化语言学—中国—通俗读物 Ⅳ.①K203-49 ② H0-05

中国版本图书馆 CIP 数据核字 (2020) 第 013376 号

ZHONGHUA JIXIANG WENHUA CONGSHU　YUYAN JUAN
中华吉祥文化丛书　语言卷

策　　划	葛玉莹
主　　编	刘德龙
著　　者	李学华　董佳兰　张廷兴
责任编辑	王艳艳
装帧设计	路渊源

出版发行　泰山出版社
　　　　社　　址　济南市泺源大街2号　邮编　250014
　　　　电　　话　综　合　部（0531）82023579　82022566
　　　　　　　　　市场营销部（0531）82025510　82020455
　　　　网　　址　www.tscbs.com
　　　　电子信箱　tscbs@sohu.com
印　　刷　东港股份有限公司
开　　本　170毫米×240毫米　16开
印　　张　13.75
字　　数　240千字
版　　次　2020年3月第1版
印　　次　2020年3月第1次印刷
标准书号　ISBN 978-7-5519-0579-4
定　　价　50.00元